송지호 수상집(9)

스트레스와 그 방위 대책

신아출판사

차례

책 머리에

차 안에 타 있는 사람들의 표정을 보거나, 어떤 모임에서 나타나는 태도를 보거나, 옛날과는 좀 다른 면이 있다. 스트레스 때문이다. 현대 사회에서는 우리들이 받는 스트레스가 크게 문제시돼 있다. 어떻게 보면, 아무 것도 아닌 것 같으면서도, 자세히 알고 나면 사람 잡는 무서운 악마라고 하지 않을 수 없다. 내가 위암에 걸리고, 협심증 악화로 심장 수술을 받은 것도 알고 보니, 이들 중병의 주 원인의 하나가 스트레스였다. 때늦었지만 그러고 나서부터 나는 스트레스에 대한 관심이 더욱더욱 커졌다. 또 나에게는 해당되지 않는 일이지만, 날이 갈수록 자살자가 늘어나고 있는데 그 주 원인은 스트레스 때문에 오는 우울증이었다. 이 글을 쓰고 있는 중에도 한 연예인의 자살이 있었는데, 유서도 없으면서 이유없는 자살이었고, 약물 아닌 100% 성공하는 길을 택했다고 한다. 이것만 보면, 스트레스에서 오는 마음의 우울증에 의한 자살이라는 것을 판단할 수 있다. 이런 대목은 본문을 읽어 보면 확실히 알 수 있을 것이다. 이렇게 스트레스가 중병이나 자살의 계기가 되고 있다는 것을 알면서, 나 혼자만의 일로 또는 특정인에 해당하는 짓으로만 치고 넘어간다는 것은 용서되지 않은 것 같아, 널리 깨우치기 위해 이 글을 쓰게 되었다.

스트레스는 심장병 · 암 · 당뇨 · 고혈압 · 신경성 위장병 · 노이로제 기타의 여러 질병을 유발한다고 한다. 감히 만병의 근원이라 하겠다. 이렇게 여러 가지 병에 작용하고 있다는 면에서 약방의 감초일 뿐 아니라, 스트레스는 신체의 면역 기능을 저하시킨다는 것이 실증되어 있다. 또 그 자체가 하나의 병이라고도 할 수 있고, 사실 괴로운 것이다. 예컨대 부부 중 한 사람이 사망하면 이어서 또 다른쪽이 뒤쫓아서 사망하는 일이 많은데, 그 이유는 이렇게 스트레스로 인한 면역 기능 저하 때문으로 알려져 있다. 예전 같으면 먼저 떠난 쪽에서 사랑하는 나머지 잡아갔다고 할 것이다. 또 생리학상으로 밝혀진 사실은, 결혼하지 않은 사람은 한 사람에 비해, 모든 인종 · 성별 · 연령을 불문하고 1.5~1.9배 사망률이 높다는 것이다. 가족 관계가 가져오는 마음의 안정과 스트레스와의 관련을 나타내는 연구 결과다.

이 글의 내용은, 우리는 현대 생활에서 어떠한 스트레스를 받고 있는가, 도대체 스트레스는 어떠한 것이며 마음에 어떻게 반응되는가, 이러한 점을 먼저 밝히고, 다음에는 스트레스를 그대로 두고 살 수는 없는 것이니 거기에 이겨 내야 되는데, 그 길은 무엇인가를 여러 방향에서 다루어 보았다. 여기 나오는 방위 대책은 치료법과는 다르다. 치료는 병원에서 의사가 한다. 나는 의사가 아니다.

스트레스를 이겨 내기 위한 방위 대책에 대해서는 어느 것 하나 소홀히 할 것은 아니지만, 그 중에서도 특히 깊이 새겨 두어야 할 것이 있다. 머피의 방법과 신행생활이다. 머피는 마음의 법칙에 따라, 나로서 해야 할 일을 다하고 잠재 의식에 맡겨 두면 나머지는 잠재 의식이 끝내 준다는 것을 강조하고 있다. 이런 점을 주의 깊게 봐 주시면 좋겠다.

이 작은 하나의 책자에 의해서 모두가 스트레스를 몰아내고, 유쾌하고 행복한 나날을 보낼 수 있다면 다행한 일이면서, 또한 나의 바라는 바다.

1. 불행한 현대인의 스트레스

(1) S씨의 경우

현대 사회에 살고 있는 우리가 얼마나 많은 스트레스를 받고 있고, 이 스트레스에 의해서 우리가 어떻게 되어가고 있으며, 또 그것이 얼마나 무서운 것인가를 알고 보면, 그야말로 사람 잡는 무서운 악마라는 것을 먼저 깨달아야 할 것이다. 여기에 하나의 보기를 들어 보자.

S씨는 박사 학위를 가진 기술자인데, 모 기업에서 연구 개발 업무를 담당한 중간직으로 있었다. 그가 40세가 되었을 때 그의 앞에는 새롭고도 바쁜 일감이 춤추며 날아 들어왔다. 제아무리 바쁜 일이라도 개밥 먹듯이 좋아하여 해냈던 S씨, 언제나 한가한 것보다는 바쁜 생활에 익숙해 있고, 또 그 편이 인생을 사는 데의 보람

으로 알고 있었지만, 이번에 굴러 들어온 일감만은 최첨단 기술에 숨쉴 틈도 없이 바쁘게 돌아가야 하는 신소재新素材 개발이라는 무거운 짐이었다. 한국에서는 처음 있는 일이요, 더구나 경쟁사와는 서로 앞을 다투어 이루어 내야 회사가 살아 남을 만한 중대한 일이었다. 그러니 이번 일만은 회사로선 개밥에 달걀 같은 일로, S씨는 여기에 말려든 것이었다.

이 일을 수행하는 책임자가 된 S씨는 자기의 전문 분야이기도 해서 어쩔 수 없이 짊어졌고, 손발이 될 우수한 연구진으로 20명을 거느리게 되었다. 거기에 따른 연구 예산도 거액을 배당 받았다. 그러나 새롭고도 회사의 존망이 걸린 중대한 일감이었으므로, S씨는 과연 성공할 수 있을까, 내가 해낼 수 있을까 하는 불안한 마음이 싹트기 시작했다. 더구나 이 어려운 과제를 누구에게 상의할 사람도 없다. 수하의 손발뿐이다. 그때부터 S씨는 개밥에 도토리 같은 신세가 되었다.

몇 번의 실패와 시행 착오를 거쳐서 차차 성사의 윤곽이 들어나서 청사진이 완성되어 갈 때였다. 이 뉴스를 잡은 것이 신문 기자다. 취재 전화가 계속해서 걸려왔다. 꼭 좀 알려 달라는 날카로운 욕구였다. 한마디로 잘라 거절할 수도 있는 일이지만, 친절하고 부지런한 S씨는 알려도 좋다고 생각하고, 취재에 응해서 그때그때마다 설명을 반복해 왔다. 그러다 보니 시간의 낭비도 있어 업무에 지장이 생기고, 기밀이 누설될 걱정도 있었다. 그런데 신문에 날 경우 모두가 그의 설명 그대로를 따르지 않을 것은 당연했다. 그럴수록 S씨의 불안은 더욱 커져 갔다.

S씨는 상사의 주의도 몇 번 받아 가면서, 그렇지만 그런대로 동요 없이 연구는 추진되어 갔다. 또 직장 내부에서도 비판의 소리와 중상도 있었다. 또 한 팀의 리더로서 연구를 담당한 부하 직원에 대한 동요에도 신경을 써야 했다. 이러한 고통 속에 모든 책임을 혼자서 짊어지고 사내社內에서의 말썽이 없도록, 부하 연구팀에게 부담이 없도록, 일을 하기 쉽도록, 반드시 연구가 성공해서 회사 발전에 성과가 나타나도록 모든 배려를 다해 갔다. 그럴수록 불안한 마음은 정도를 더해 가면서 밤이면 잠이 자지지 않았고, 날이 갈수록 초조해졌다.

그는 누가 뭐라 해도 나 모른다 하고 모든 것을 잊고, 맡은 일만 바보같이 하고 있었으면 될 것을, 그렇지가 못했다. 현대는 민주주의 시대다. 기자들의 취재나 주위의 반대 세력을 무시할 수가 없었다. 그의 학자적 양심과 성향이 그럴 수밖에 없었다. 이러한 사태는 예기치 못했던 일이지만, 참고 견디면서 모든 책임을 감수해야 했다.

이렇게 고뇌를 짊어지고도 팀의 실적은 착착 성과를 얻어 갔다. 이제는 청사진을 현실화하여 제품을 생산하는 단계에까지 이르렀다. 그 동안 3년, S씨의 일감은 후반부터 매우 바빠졌다. 국내 최초의 개발 사업이었으므로 미지의 문제 해결, 기술의 불비를 돌파하는 아이디어의 염출, 자료의 집적과 선택, 실패 위험도를 낮추기 위한 노력, 상사의 독려와 지시 등에 따른 그의 활동은 전 생활을 앗아 갔다. 퇴근은 늦어지고 출근은 빨라지며, 그런 생활이 매일 계속되면서 수면은 빼앗기고 여가는 반납하고, 점심 시간도 짧아지면서 때로는 놓치기도 하고, 거짓말을 보태면 화장실에 갈 틈도 없다.

더욱 빨리 더욱 정확한 목표 달성을 향해서 전력 투구를 하면서, 완성이 가까워지자 S씨는 '이걸로 과연 확실한가, 안심이 되는가?' 하는 불안 때문에 잠을 이룰 수 없는 밤이 많아졌다. 마음의 동요에 따른 반응이 표면화하기 시작한 것이다. 지금까지 없었던 최첨단 기술의 개발, 미지의 세계를 헤매는 일이 얼마나 어려운 것인가가 나타난 것이다. 거기에 대한 노력은 대개 인간 능력의 한계를 넘는 것으로 되기 쉽다. S씨는 자기도 모르게 그러한 노력을 쏟고 있는 것이었다.

사람의 마음에는 견딜 수 있는 한도가 있다. 한 일감에 대한 달성 여부의 불안 때문에 거기에 대한 노력을 너무 한 나머지, 견딜 수 있는 마음의 한도를 넘어설 때 지금까지 가졌던 불안은 발작을 일으키게 된다. 이러한 불안은 S씨만의 일이 아니고 누구나가 가지게 되는 마음의 불안이다.

S씨가 이러한 불안을 안고 실제로 나타난, 견딜 수 있는 한계를 넘어선 발작은 의외였다. 어느 날 아침 통근 지하철 안에서의 일이다. 갑자기 가슴이 조여지면서 심장 부위에 통증이 생기며 맥박이 빨라졌다. 동시에 식은땀이 나면서 어지러웠고, 다리가 후들후들하며 전신의 피가 빠져 나간 것 같으면서, 곧이라도 죽을 것 같은 불쾌감이 있었다. 40대는 심근 경색이 일어나기 쉬운 나이다. S씨는 그것이 별안간 마음을 스쳤다. '나는 이대로 죽는 것이 아닌가?' 하는 불안이 S씨를 엄습했다. 식은땀을 흘리며 떨리는 다리를 이끌고 도중 하

차하여, 역 직원의 도움을 받아 구급차에 실려 응급실에 직행을 했다.

이 불안에 따른 발작은 한 번쯤 경험해본 사람이 아니면 그 진상을 알 리가 없다. 그 고통은 한 번에 그치지 않고 뒤에 뒤에까지 꼬리를 끄은다. 이 발작은 협심증이나 심근 경색이라는 병과는 비슷한 증상이면서도 다르다. 심장을 비롯한 모든 내장 기관 검사를 해보면 그 결과는 전부가 정상이다. S씨의 경우도 그러해서, 협심증도 없고 혈압도 정상이고 심전도心電圖도 정상, 그 외의 검사도 이상이 없다. 그렇다면, 진짜로 머리가 좋은 사람이라면, 이러한 결과를 가지고 안심해 버리면 모든 것이 끝난다. 나중에야 어찌 되든 간에 속된 말로 뒷일은 신경을 끄고 마음을 놓으면 된다. 지금까지 너무 일에 열중해서, 그 무리가 참을 수 있는 한계를 넘어서 그랬구나 하고 자각하면 그걸로 끝날 수 있다. 그런데 S씨와 같은 치밀한 기술자는 성격이 전혀 다른 것이다. 어떻게 보면, 바보가 되어 이러면 어쩔까 저러면 실패할까 하고, 모든 있을 수 있는 결과에 신경을 쓰기 일쑤다. 그래서 불안이 발작을 일으키게 된다. 홍길동 같이 크게 놀거나, 목포 유달산을 팔아먹고 대동강 물을 팔아먹었던 누구누구같이 대담했다면 되는데 그러지를 못했다.

그 다음이 더욱 큰일이다. 출퇴근 지하철에 타는 것이 무서워진다. 역과 역 사이의 시간이 길어서 만일 도중에 발작을 하면 바로 구급차를 부를 수 없다. 이 세상에서 가장 긴 단어가 뭐냐고 하면 smiles다. 처음 S에서 끝 S까지 1마일이나 되기 때문이다. 이렇게 긴 단어도 책에서는 2cm도 못 된다. 1마일 길이의 10만분의 1이다. S씨의 경우, 아주 짧은 지하철 역 구간이지만 smiles같이 그 10만 배 거리로 느껴졌다. 그것이 또 불안을 불러서 이중으로 불안이 겹친다. 맡아 있는 일에 대한 불안만이 아니다. 그러한 상태가 되므로 마음의 반응은 더욱 악화가 된다.

결국 S씨 등의 신소재 개발은 무사히 끝났다. 모두가 박수를 치며 기뻐했지만 S시는 우울했다. 신문에도 성공 뉴스가 보도되고, S씨의 공로도 찬양되고, 찬반 양론이 있었다고 해도 과거의 흘러간 물이 되어 지금은 S씨의 성공을 축하했고, 그간의 고통은 사라지면서 S씨의 실력은 인정을 받았다. 그러나 솔직히 말해 S씨는 밝은 표정을 지을 수 없는 수렁에 이미 빠져 있었다. '과연 괜찮을까, 앞으로 이것이 신소재로서 그 기능을 다해 줄까, 언제 그 결함이 나타날지, 소홀히 해서 미스라도 없는지, 경쟁사에서 더 우수한 제품이 언제 나올지, S씨는 그런 생각에 잠겨 있는 것이다. 또 한편으로는, 그 발작이 언제 나를 괴롭힐지, S씨의 마음을 흔들고 있는 것은 한두 가지가 아니다. 그러면서 전화만 걸려 와도 혹시나 걱정하고 있는 내용이 아닌지 마음이 앞선다.

이제는 일감을 끝내고 나니 시간도 한가해져서, 장기 입원을 해서 정밀 검사를 받았다. 그 결과 내장에는 하나도 이상이 없다는 소견이었다. 그렇지만 그의 자각 증상은 하나도 차도가 없고, 오히려 더 심해져 갔다. 이 강박 관념이 머리 속을 차지하면 서 있을 수도 앉아 있을 수도 없게 된다. 또 발작의 불안 때문에 언제나 부하 직원과 동행을 했다. S씨의 치밀하고 신중한 성격이 그렇게 만든 것이다. 자각 증상이 있는 한 반드시 그 병인病因이 있을 것이라는 기술자나 과학자로서의 고정 관념이 그렇게 만든 것이다.

인체가 정밀하게 되어 있다는 것은 다 알고 있는 사실이지만, 기계－공학 계통의 것과 생물－의학 계통의 것과는 차원이 다르다는 것을 알아야 한다. S씨는 공학

계의 입장에서 증상을 일으킨 병인을 찾아서 이를 근본적으로 치료코자 했지만, 의학계의 입장에서는 다르다. 원인이 확실한 병은 전염병 정도이고, 기타의 병은 원인이 밝혀지지 않더라도 치료하는 방법은 여러 가지다. 그 차원의 차이가 있게 하는 중요한 것, 그것은 사람의 마음이다. 즉 지금까지 말해 온 S씨의 마음의 작용이 S씨를 불안케 한 정신 병리病理였던 것이다. 지금까지의 결론을 지어 보면, S씨는 신소재 개발이라는 중대 업무를 수행하는 중에 마음의 작용이 스트레스가 되어, 전문적 용어로 말하면 불안 신경증 또는 심장 신경증이라는 마음의 병이 되어 버린 것이다.

그 후 S씨에게는 또 다른 어려운 일감이 주어졌다. 이 업무를 받고 나서 S씨는 심사 숙고한 끝에 봉투 하나를 사장에게 남기고 회사를 나와 버렸다.

이상은 기술자 S씨가 그의 직장에서 경험한 작은 보기 하나지만, 이와 같은 일은 비단 S씨만에 해당된 이야기는 아니다. 모든 현대인들이 가정에서 사회에서 직장 기타에서 생활하는 가운데 경험하는 대표적인 보기의 하나라는 것을 알아야 하며, 그 외에도 여러 가지 경우가 있을 수 있고, 그러면서 받게 되는 스트레스가 얼마나 무서운 것인가, 바로 사람 잡는 악마라는 것을 보기로 든 것이다.

S씨의 경험에서 얻은 스트레스 반응을 여기에 다시 정리 요약하면서, 스트레스의 진행에 따른 생체生體 반응을 알아 보면 다음과 같다.

○ 새로운 일감을 맡아서, 처음 일이므로 성공할지 어쩔지 몰라 노력이 강요되었는데, 이에 이겨 내려고 하지만 마음의 불안이라는 반응을 일으켰다. 이 불안은 갈수록 더해 가고 초조해졌다.

○ 문제 해결을 위한 S씨의 활동은 전생활을 앗아 가고, 목표 달성을 위해 전력을 다하면서도 불안은 더욱 심해져, 이 불안에 대항하려고 인간 능력의 한계에까지 노력을 쏟았다.

○ 불안에 대한 발작이 나타났다. 불안이 사람으로서 견딜 수 있는 한계를 넘어설 때에 생기는 파탄이다. 동시에 언제라도 어디서라도 불안 발작이 생기지나 않을까 하는 2차적 불안에 빠지게 된다. 그만큼 강하게 만성화된 불안 상태에서 고통을 받게 된다. 이렇게 되면 일감을 포기해 버리는, 출근 공포증에 빠지기도 한다.

이상은 S씨의 사례이며, 스트레스 때문에 많은 불안 신경증에 빠진 사람들의 공통된 특징이기도 하다.

(2) A씨와 박길동과의 묘한 인연

박길동(가명)은 현재 강원도 횡성군에서 농원을 경영하고 있다. A씨는 한평생을 교직에서 지냈으며, 그래서 순진하여 세상을 모르고 살았고, 일생 동안 5번을 망했는데 박길동의 수단에 순응한 것도 그 중의 하나다. 박길동은 A씨를 이모부라고 부른다. 그러니 A씨는 박길동을 믿었다.

A씨가 학교 관사에 살고 있을 때 그의 처형이 예고 없이 찾아왔다. 그런데 도착하자마자 갑자기 복통이 있더니 사내를 순산했다. 이 애가 커서 박길동이 된 것이다. 자기 집에서 태어난 것이 아니라, 멀쩡하게 있다가 A씨에게 와서 벼락같이 햇빛을 본 것을 생각하면 전생에 무슨 인연이 있었던 것 같다. 그것도 보통 애가 아니라 장차 A씨에게 수단을 부릴 애를 출산했기 때문이다.

박길동이 커서 군대 복무시 어떻게 집을 알았는지 A씨에게 찾아와서 돈을 요구했다. 제대해서 갚을 터이니

자기 집에는 비밀로 해 달라고 했다. 그런데 그 돈은 지금까지도 일언 반구 언급이 없다.

박길동은 지금의 KT에 근무하다가, 무슨 바람이 불었는지 갑자기 사표를 내고 퇴직금을 받아, 지금의 주소로 옮겨 해발 500m에 땅을 사서 농사를 지으며 가축을 길렀다. 때마침 A씨는 협심증에 걸려 특효인 인삼을 복용하고 있는데, 강원도에 장뇌 산삼이 있으니 사라는 연락이 왔다. 홀딱한 A씨, 1,100만 원을 주고 사 먹었는데, 자세히는 모르지만 그렇게 비쌀 리는 없고, 이 기회다 하고 수단을 부렸을 것이다.

그런 얼마 후 이번에는 좋은 땅이 있으니 사라는 것이다. 그 말대로 A씨는 밭(지목은 대지)을 샀고, 길을 내라고 해서 차가 밭에까지 들어갈 수 있도록 다리 두 개를 놓으면서 박길동의 땅을 지나가는 찻길을 내 주었다. 그러면서 이 땅은 언젠가는 자기가 살 것이니, 자기 명의로 등기를 하자고 해서 그렇게 했다. 또 그때에 그 옆 땅을 사고자 한데 돈이 없으니, 좀 빌려 달라고 해서 빌려도 주었다.

그러고는 더덕을 재배하면 수익이 좋다고 해서, 600평 정도에 더덕을 갈아서 매년 다니면서 퇴비와 제초 등 재배 관리를 해 왔다. 그런데 막상 수확기가 되었지만 캐는 인건비도 못 나올 것 같아 포기하고, 직접 캐 먹은 것이 50kg 정도였다. 나머지는 박길동이 캐 먹었다.

이제는 땅을 매도할 수밖에 없어, 독촉을 했지만 매매가 잘 안 된다는 이유로 몇 년을 넘기고 나서, 2005년 가을 A씨에게는 비밀로 하고 매도해서 그 돈으로 지금의 농원을 만드는 데 써 버렸다. 이 사실을 다음 해에서 알게 된 A씨, 왜 돈을 써 버리고 안 주느냐고 했지만 이미 때는 늦었다. 우선 곤란하니 금년 연말까지만 기다려 달라는 것이다. 그때 얼마를 줄 것인가를 물으니, 투자 원금과 차용금의 원금을 제시했다. A씨가 생각한 금액의 절반 수준이다. 매도 금액을 무시한 것이기 때문에 어이가 없어, 그 땅의 주인이 누구냐고 되묻자 박길동 것이라고 했다. 어째서 너 것이냐 하는 물음에는 자기 명의로 등기를 했기 때문이라고 했다. 그건 네가 장차 사겠다고 해서 그랬고, 내 땅이 아니라면 왜 내가 고생을 하면서 더덕 재배를 했겠느냐고 A씨의 고함이 터졌지만 이미 때는 늦었다.

박길동의 말은 모두가 거짓말이며 진실은 하나도 없다. 태어나서는 안 될 자가 세상에 태어나서 세상이 험

해지고, 여러 사람에 피해를 주고 있다. 연말 연말 하면서 설을 다섯 번 지냈다. 몇 달 전부터는 전화도 받지 않는다. 이제는 A씨를 사람 대접도 해주지 않고 있다. 뿔이 나지만 A씨는 참고 견디고 있다.

박길동의 부모는 이 사실을 알고 나면서부터 깜짝 놀라서, 땅을 팔아서 이모부 것부터 갚으라고 했지만 막무가내였고, 지금은 두 분이 다 돌아가셨다. 박길동은 다른 형제로부터 빌린 돈이 있지만, 돌려 달라고 하면 오히려 칼로 배때기를 찔러 버린다고 협박한단다.

요즈음엔 기술적 사기꾼도 많지만, 박길동은 장기간을 두고 계획적으로 차근차근 목을 조여 가는 기막힌 수법의 소유자다. A씨에 대한 수단도 처음부터 계획적이었음이 나타났다.

A씨는 전생의 무슨 인연으로 내 집에서 태어나더니, 전생에서의 복수를 지금껏 즐기고 있다고 하소연이다. A씨는 지금 사업에 실패하여 곤란한 생활를 하고 있다. 반대로 박길동은 그 돈으로 잘 살고 있다. A씨는 당장 쫓아가서 추궁하고 싶지만, 헛수고가 될 것이므로 차비만 아깝다. 또 무방비로 갔다가 봉변이라도 당할까 무섭다. 그런가 하면 박길동도 언제 A씨가 복수를 위해

찾아올지 전전 긍긍일 것이다. 그러고 보면 양측이 다 같이 신경증에 걸려 있다.

(3) B씨의 경우

섬에서 태어나 자란 B씨, 어렵게 학업을 마치고 교직에 몸을 담게 되었으나, 일시적 사정으로 직장을 떠난 일도 있었다. 꾸밈없이 순진하고 호인이며 바른 성품인 그는, 역시 자기 개성에 맞는 직장은 여기다 하고 깨닫고 어렵게 복직을 하게 되고, 다시는 외도를 걷지 않고 천직으로 지키겠다고 다짐하면서 난관을 극복한 결과 교수직으로까지 승진, 정년 퇴직을 맞게 되었다.

무슨 생각에서였는지 몰라도, 퇴직금을 연금으로 하지 않고 일시금으로 받았다. 그에게는 세 아들이 있었고, 든든한 자식들 얼굴을 바라보며 여생을 여유롭게 지낼 만한 경제력까지 생겼으니, 만족된 미소가 얼굴을 장식하게 되었다.

그러던 어느 날 장남으로부터 제안을 받게 된다.

"어차피 아버지는 제가 모실 입장인데, 저의 사업을 지금 좀 도와 주십시오. 일시 곤경에 처한 저의 사업을 일으켜만 주신다면 열심히 뛰어서, 사업을 번창시켜 돈 벌어 편히 모셔 드리겠습니다."

순진한 B씨, 장남의 말을 못 믿을 리가 없었고, 사리에도 맞을 것 같아 퇴직금 전액을 장남 사업에 투자하고, 집도 저당 잡혀 빚을 내어서까지 도왔다. 여기까지 오는 동안만은 마음은 흡족하고 행복을 느꼈지만, 곧 이어 비극이 닥쳐오리라고는 상상도 못했다.

갑자기 어느 날 장남이 교통 사고로 세상을 떠났다. 주인 없는 사업체가 지탱할 수 없게 되자, 며느리가 아무런 상의도 없이 모든 것을 청산하고, 한 푼도 돌려주지도 않고 챙겨서 고스란히 걸머 쥐고 이민을 가 버렸다.

살길이 막막해진 B씨, 살고 있는 집도 경매 당해 없어지니, 갑자기 빈털터리로 변신하고 말았다. 그뿐이 아니었다. 2남은 또 어느 날 형의 일을 비관한 나머지 술을 과음한 끝에 뇌출혈로 쓰러져 세상을 떠났으며, 3남은 이러한 가정사 영향으로 말도 없이 가출하여 행방불명이 되고 말았다. 순식간에 재산 도둑 맞고, 집 날아가고, 3형제 아들마저 잃고 말았다.

한 순간의 잘못으로 이 꼴이 되고 나서, 이러한 불행이 이 세상에 또 있을까 하고 한탄을 해보았지만, 현실은 현실대로 엄연하게 존재하여 B씨를 조여 왔고, 무상한 신세를 한숨으로 달래며 하루를 살기가 괴롭다. 다른 사람들 같으면 스트레스로 자살이라도 시도할 처지지만, 성품이 원만하고 낙천적인 B씨는 그저 그러러니하며 꾹 참고 닥치는 대로 하루하루를 지내고 있다.

재산 잃고 사람 잃은 이중 고통, 이러한 불행이 언제 올 것인지 아무도 모르고 있다. B씨의 경우와 같이 한 순간에 닥쳐올 수도 있는 것이다. 이런 경우 불행하지만 스트레스로 안고 역경에 순응할 수밖에 없다. 행幸과 불행은 종이 한 장 차이의 원인으로 바꾸어진다.

(4) 나와 스트레스

나에 대한 이야기를 하자니 좀 쑥스럽기는 하지만, 가까운 데서 사실을 사실대로 발굴하자니 이것이 지름길인 것 같아, 감히 여기에 부끄러움을 무릅쓰고 대표적인 것 몇 가지를 실어 보았다. 양해를 바란다.

그러고 보면 나에게도 한평생 스트레스가 많았던 모양이다. 아니, 나보다 더 많은 사람에게는 좀 미안한 이야기지만, 여하튼 인생은 스트레스를 통해 자라고 늙고, 스트레스를 먹고 사는 모양이다.

① 해방 후의 혼란과 나의 수난

나는 원만하고 평화스러운 가정에 태어나서 바르고 순수하게 자랐다. 그래서 부모님으로부터 사랑의 매 같은 건 물론이고, 꾸지람 한마디 들어 본 일도 없이 맑고 때 묻지 않은 존재였다. 그러던 내가 처음 스트레스를 받게 된 것은 21세 대부터다.

1948년 이승만이 남한만의 단독 정부를 수립하고 나서 남북의 대결은 본격화되었다. 대화 분위기는 사라지고 경색 국면에 들면서 정책은 무서워졌다. 북한을 경계한 것까지는 이해가 가지만, 안하 무인격으로 무차별 탄압의 면이 없지 않았다.

당시에는 거리에 좌익계에서 뿌린 삐라가 천지로 많았다. 감수성이 많은 학생들은 주워 보는 것이 당연하다. 들여다보면 김일성과 공산주의에 대한 선전들이다. 그 삐라를 주워다 기숙사에서 봤다는 죄목으로 10명 가량이 경찰에 채포되어 유치장에 가두고 취조를 받았다. 무슨 좌익적인 것 같은 행동을 한 것은 아무 것도 없다. 정부를 반대하거나 이승만을 욕한 일도 없다. 그러니까 아무런 죄도 없이 단지 삐라를 봤다는 것 하나로 당한 것이다. 단속을 하려면 삐라 뿌린 사람을, 또 그 원흉을 잡아들여야지, 죄도 없는 학생을 욕보인 것은 너무한 일이었다. 거리에 삐라가 있게 한 것은 자기들 몫이고 일종의 직무 유기다. 그런 것을 적반하장격으로 이쪽에 뒤집어씌운 것이다.

이승만과 그 정부, 그리고 민주주의나 자본주의 같은 것은 얻어들어서 대개 거짓말 정도라도 알고 있었지만, 도대체 김일성이란 자가 어떤 사람인지, 공산주의가 무엇인지 알고 싶은 것이 학생이다. 그것이 학구적인 태도였을 것이다. 더구나 이쪽에서는 김일성은 일정 때의 진짜 김일성이 아닌 가짜라고 하지, 공산주의는 무조건 반대만 하지, 그러니 그 실체나 진상을 알고 싶어 하는 것은 사람의 본능일 것이다. 일정 시대 때는 공산주의라고는 아는 사람이 없었다.

이승만 정부의 문교 장관 안호상은 우리 학교의 한 학생과 은밀히 접촉을 했다. 기숙사에 있는 1학년생이다. 한편 문교부는 이 학교를 다스리기 어려운 것으로 분류하고 무서워했다. 부산대학과 강제로 통합시켰는데 학생들의 반항으로 할 수 없이 도로 분리 환원시킨

일이 있었다. 일정 때부터 역사를 가진 학교가 해방 후 신설된 학교와 왜 통합하느냐고 거세게 학생의 반발이 있었다. 이 학교 학생들은 바다를 상대하는 관계로 거칠었다. 일정 때는 졸업하고 해군에 가면 소위(6 · 25 때에도 그랬지만)였으므로 경찰이 손을 쓸 수 없는 치외 법권적 존재였고, 외출해서 돌아오면 경찰 모자를 탈취해서 기숙사에 줄줄이 걸어 두곤 했다. 그러한 학교여서 문교부에선 학생의 거치른 성품을 무서워했을 것이다.

안호상과 접속한 학생은 중학교 교사 출신의 가장 나이 많은 자였는데, 안호상의 지령에 따라 우리를 경찰에 밀고를 했던 모양이다. 공산당이라고 했을 것이다. 이 사실은 후일에 장본인이 나에게 힌트 정도로 토로한 일이 있다. 그래서 어느 날 새벽, 형사들이 기숙사를 습격해 와서, 누구누구 하는 식으로 정확히 방 호수를 알고 체포해 갈 수 있었다.

경찰서에서는 몽둥이로 두들겨 맞고, 3학년인 기숙사 료장과 부료장인 나는 물고문까지 당했다. 숨을 못 쉬니 최고의 고통이었다. 고막이 터지고 뼈가 아파서 견딜 수 없었다. 기숙사 생활을 안했더라면 그런 일은 없었을 것을 생각하니 기가 막혔다. 구류된 모두가 무더기로 치안 재판에서 미 군정 법령(포고령) 위반으로 벌금 처분을 받고 풀려났다. 정말 이승만 독재 시대였다. 일제의 강점기에서 벗어나자 곧 이어서 이승만 정권의 강점기가 있었다. 내가 이승만 정권을 미워했는데, 그것은 여기서부터 싹텄던 모양이다. 내가 부료장을 한 죄로 물고문까지 당했다고 했는데, 나에게도 그런 권력(?) 시대가 있었다. 2학년인 내가 점호 시간에 료장을 대신해 나가면 상급생인 실장들이 경례를 부치며 보고를 했었다. 권좌(?)에 앉았으니 강하게 당한 것은 어떻게 보면 당연한 일이었다. 세상은 공평한 것이다.

이런 일이 있었던 다음부터는 무서워서 기숙사에서 자지 못하고, 실험실 한쪽 작은 방에서 한 친구와 단둘이 기거를 했다. 여기서 오붓하고 멋진(?) 생활을 덕택에 지내게 되었다.

학생 때의 이런 일로 인해서 졸업 때까지 얼마나 공포에 떨었는지 모르겠고, 나는 교수의 병아리인 조교나 관직이나 심지어 조선공사 취업이나 모두를 포기하고, 고향에 가까운 안정된 곳에서 이후 살게 되어 버렸다. 그러니 날개도 제대로 펴 보지도 못하고 나로선 썩은 인생을 살았다고 할 수 있다.

② 6·25와 숨 조인 수난

6·25 직전에 나는 목포수산상선고등학교(지금의 해양대학 전신)에 근무하고 있었다. 인민군이 장성까지 왔을 적에 다행히 해녀의 무질배를 만나 완도로 피난키로 양해를 구했다. 가족과 짐을 싣고 나서, 마지막으로 거처를 돌아보고 혼자서 배로 향해 가는데 뜻밖의 큰일을 만났다.

거리에서 붙들려 임시 수용소에 갇혀 버린 것이다. 적당히 모아지면 트럭에 싣고 전쟁터로 떠난다고 했다. 나 한 사람 몸 바쳐 싸우러 갈 수도 있겠지만, 출항을 서두르며 나를 기다리고 있는 가족과 해녀들은 어떻게 될까를 생각하니 숨이 막힌다. 정문에는 두 병사가 집총을 하고 지키고 있다. 기지를 발휘했다. 옷맵시를 단정히 하고 엄숙한 얼굴로 고쳐, 높은 사람과 같은 당당한 걸음으로 활개를 치면서 단숨에 두 병사 사이를 뚫고 나와, 또 잡힐까봐 뛰어가서 배에 오르자마자 떠나니 날은 어두워졌다. 뒤에 나오지만, 내가 군에 간다면 해군 장교로 근무할 몸이 졸병으로 개죽음할 수는 없었다.

이 배는 돛을 두 개 가지고 있었지만, 이상하게도 바람이 전혀 없어 매일 노를 저어서만 가야 했다. 해녀들과 나와 교대해 가면서 노 두 개를 저어 4일 밤을 새고 아침에 완도항에 다다르니, 완도 사람들도 피난을 가려고 서두렀다. 이 때에 아버지는 완도에서 교장이었는데, 우리와 같이 배를 하나 빌려 타고 할아버지가 계시는 금당도로 향했다. 그런데 10분쯤 가다가 학교에 정리할 일이 있다며 다시 내려서 학교로 돌아갔다. 그러고는 우리만 금당도로 가서 배를 보내 드렸다. 그런데 아버지는 오지 못하고 빈 배만 돌아왔다. 후일에 알게 되었지만 그 이유는 돌발적인 끔찍한 일이 생겼기 때문이다.

배에서 내려 학교로 향하는데, 거리를 지나가다가 한 사건을 만났다. 경찰은 청산도靑山島로 후퇴하고 무질서가 판을 치는 와중에 주민들이 창고에 있는 식량을 달라고 아우성이 일어났다. 군청 양정계장이 죽을 지경이다. 질서를 잡아 배급하려 했으나 말을 듣지 않고 수라장이었다. 이 광경을 본 아버지는, 경찰도 후퇴하고 없는 처지에, 스스로 질서 있게 배급을 받으라는 취지로 양정계장을 돕는 연설을 하고, 조용해지자 지나간 일이 있었다.

그날 저녁 인민군이 들어왔다. 요란한 탱크 소리를 들으면서 아버지는 6km 밖의 친한 과수원에 숨었다. 그런데 그 인민군은 가짜였다. 나주 경찰이 인민군에 쫓겨 후퇴하면서, 드럼통을 굴려서 탱크 소리를 위장하여 속임수로 들어온 것이었다. 이를 오인한 주민들 일부가 환영을 했는데, 이들은 모두가 즉석에서 총살(즉결 처분)되었다. 실로 큰 죄를 지으면서 강제 공산당을 만들어 양민을 죽인 것이었다. 이것이 당시 이승만 정부의 실상이다. 이 소식을 청산도에서 들은 완도 경찰이 다시 들어왔다.

경찰이 돌아왔다는 소문을 들은 아버지는 안심하고 과수원에서 나와, 4km 정도를 돌아오고 있을 적에 한 형사를 만났다. 당시 완도경찰서에는 자기 이름도 쓸 줄 모르는 형사가 있었는데, 예를 들어 자기 성인 이씨를 二자를 썼다. 무지無知해서 그랬는지 몰라도 '이○○ 가는 곳에 산천 초목이 떤다' 하고 영웅(?) 대접을 받았었다. 원래 배운 것이 없으면 사리 분별을 할 능력이 없기 때문에 더 무서운 것이다. 이 자가 앞에서 말한 거리 연설의 사실을 전해 듣고 오해를 하여, 만나자마자 펄

밭에 꿇어앉혀 놓고 총을 난사하여 총알이 머리 좌우를 스쳤다. 이러한 일이 며칠 후에 금당도까지 전해 왔는데, 이 때에 아버지가 무참히 총살되었다는 것이었다. 그래서 시신이라도 모시기 위해 또 배를 보냈다.

나는 시신이 올 것이라고 믿고, 매일 산에 올라 배가 오는가 바라보고 있었는데, 어느 날 밤 12시경에 오는 배를 발견하고 해변에 가 보니 아버지가 살아서 돌아온 것이었다. 놀라서 눈물도 안 나왔고, 이야기를 들어 보니 그때에 사망은 면해서 유치장에 갇혔는데, 경찰 간부를 면회 요청하여 사실을 사실대로 자초 지종을 말하여 풀려났다는 것이었다.

이렇게 해서 금당도에서 지내는데, 또 이번에는 인민군(사실은 지리산 공비)이 늦게사 들어와서, 아버지를 잡아다 분주소(파출소) 땅바닥에 꿇어앉혀 놓고 취조를 했다. 나의 한 당숙은 이 때에 같이 불려 다니다가 어느 날 밤에 몰래 비참하게 피살 되었는데, 아버지는 제자들의 숨은 배려로 살아 남게 되었다. 아무리 적의 치하였지만 사제간의 정은 조금은 남아 있었던 모양이었다. 그러니까 경찰로부터는 빨갱이로 취급 당했지, 공산 치하에서는 우익이라고 고초를 당했지, 이모저모로 양쪽에서 수난의 연속이었다.

그래서 이러한 수난은 6 · 25 때만으로 끝났을 줄 알았는데, 30여 년 후에까지 신원 조회를 하면 아버지가 인민군 완도군환영위원장을 했다느니, 완도군인민위원장을 했다느니 해서 일생 동안 나를 괴롭히고 스트레스를 일으켰다. 뒤에 자세히 나온다.

③ 제2국민병 영장과 보류의 작란

완도에서 피난 중에 완도수산고등학교를 만들어 열심히 하고 있는데, 6 · 25 전쟁이 장기화되자 가끔 심심치 않게 제2국민병(징병과는 다름) 영장이 발급되어 사람을 괴롭혔다. 보류 신청서를 내고 광주에 가면 병무과장이 제일 먼저 나를 호명하여

"너는 보류다"

한다. 손원일 초대 해군참모총장이 해군 요원으로 확보하여 '후방요원증'을 주었으므로, 이를 사본하여 신청하면 이렇게 보류되었는데, 한두 번이 아니어서 괴로웠다. 해군에 소집되면 장교로 근무할 것인데 육군 졸병으로 소집하니 마음이 상했다. 이렇다는 것을 한 번 보이면 기록을 해 두고 육군에서는 소집을 말아야지, 정

부의 무질서가 눈에 보였다. 더구나 나의 신분은 학교 교사이며 군인이 아니고, 혹시 군에 가더라도 해군이고 장교가 될 것인데, 육군에서 일개 병무과장이 '너는……' 하는 것은 마음에 거슬렸다. 이런 태도가 이승만 정권의 표본이었다.

④ 아버지에 대한 모함

아버지는 말년에 민선 초대 · 2대 교육감을 했다. 하루는 잘 아는 교사들이 낙도에서 미역과 멸치를 가져왔다. 고마워서 잊지 않으려고 메모해 두었다. 이것은 선사품이지 결단코 뇌물이라고는 볼 수 없다. 이것으로 해서 아버지는 퇴직을 하게 되었다.

이승만 정부가 정권을 연장하려고 최후 발악을 하고 있을 때, 아버지가 야당 성향이라고 한 여당 인사가 모함을 하여, 경찰의 수색을 받고 이 메모가 발견되자 입건하여 재판에 회부된 결과 집행 유예 판결이 나왔다. 나중에는 사실이 제대로 알려져 모함한 자에 대한 사회의 욕설이 나오게 되었지만, 한동안은 나까지 얼굴을 들을 수 없게 되었다. 한학자漢學者인 아버지에게 무식한 한 여당 인사가 큰 대접을 한 것이다.

⑤ 나의 퇴직

1967년 제주대학에서 조용한 생활을 하고 있을 때 돌발적 소식이 왔다. 아버지가 정계에 출마하겠다는 것이었다. 즉시 완도읍에 가서 설득을 했다.

"지금부터는 여야 양대당이 아닌 제3당으로서는 당선되지 않을 터이니, 포기하고 조용히 계십시오."

그러자

"내가 지금 들어가면 여당에게 매수되었다고 할 것이니, 이제는 어쩔 수 없다"

는 것이다. 오후 5시부터 다음날 8시까지 무려 15시간 동안 줄다리기를 하다가 자식의 도리로 질 수밖에 없었다.

그래서 돌아가 사표를 내고 다시 완도에 가서 사태를 지켜 봤다. 사람들은 내가 선거 운동을 하는 줄 알았겠지만 나는 그것이 아니었다. 할아버지도 계신데 거지가 될까봐 돈 지출이 없도록 장남으로서 감시하고 있었던 것이다. 낙선될 것은 미리 예약해 놓고, 매수되었다는 말 하나 때문에 사퇴도 못하고, 지출을 억제하기 위해 내 직장을 퇴직하고 쓸쓸히 지켜 보고 있는 나의 심정을 이해할 사람은 없는 것 같았다.

이 선거를 계기로 정계와 정부의 더러운 면을 맛보는 기회가 있었다. 공천 과정에서 돈이 오고 가지, 모함도 하지, 그래서 실은 아버지도 화가 나서 출마하게 된 것이고, 정부는 관권 선거를 하고 있어서 그 예로 나에게도 3가지 루트로 선거 포기 압력이 있었다. 이 때문에 내 사표는 문교부 차관의 손아귀에 있다가 선거가 끝나고 22일, 제출한 지 45일 후에야 처리되어 덕택에 봉급 두 달 치를 더 받기는 했다. 여하튼 이 과정에서 세태에 대한 스트레스가 나를 지배하기 시작했다.

제주에 돌아와서는 학장으로부터 수많은 복직 권유를 받아서 사양하기에 괴로웠고, 학생들로부터도 압력을 받았으며, 서울에 가려는데 어떻게 알았는지 살고 있는 집 마당에 모두 모여 농성을 당하기도 해서, 비행기로 간다고 해 놓고 몰래 부산행 선박으로 빠져 나오기도 했다. 괴로웠다.

그러니까 나는 제주도가 싫은 것도 아니고, 학교나 학장이나 학생이 싫어서 나온 것은 더구나 아니다. 정치판의 더러운 측면을 보고, '이런 나라에서……' 하고 공직에 남아 있을 수 없었던 것이다.

⑥ 도깨비와의 만남

제주를 떠나서 입에 풀칠하기 위해, 정치 일번지인 종로구 무교동에서 정치인들을 상대로 기원을 하고 있는데, 대학 동기인 도깨비가 나타났다. 내가 이 자를 도깨비라 부른 것은 눈을 뜨고 잠을 자고, 바람같이 나타났다가 바람같이 사라지기 때문이었다. 그래서 도깨비와는 막걸리도 주고받고 하는데, 자기가 살 적에는 호주머니에서 뭉치 돈을 내 보이면서 눈멀은 돈이 생겼다고 했다.

3년간 기원을 하고 나니 운동 부족을 느껴 처분을 했는데, 하루는 도깨비가 연락을 해 왔다. 택지 조성에 투자해서 이윤을 남겨 주겠단다. 사당동 현지에 동반해 가서 예술인 마을 조성 모습을 소개해 주었다. 내가 이 자를 믿고 돈을 건넨 것은, 학교 동기로 기숙사 생활을 같이 하면서 앞에서 말한 유치장에도 같이 갔고, 자기 아버지가 도청 과장을 했고, 사촌은 일정 때 그 어려운 고등문관 시험에 합격하여 24세에 진도군수를 하면서 민생民生을 위해 공출供出을 반대하다가 곧 해방이 되어 파직을 면했고, 해방 후 도청 과장을 거쳐 장면 정권 때는 재무 장관까지 한 좋은 집안이었기 때문이다.

그런데 시일이 지나면서 감感을 잡아 보니, 이 자는 거짓말을 해서 나를 기술적으로 도깨비답게 홀린 것이었다. 원래 사기는 가까운 자가 한다는 말이 생각났다. 2년간을 가끔 만나 돈을 돌려 달라고 졸랐지만 허사였다. 죽일 수도 없고 구워 먹을 수도 없고 포기하고 말았다. 그때에 준 돈은 사당동에서 양옥집 한 채 값이었다. 나의 전 재산이었기 때문에 2년간 기막힌 스트레스를 받다가, 포기하고 나서는 입에 풀칠하기 위해, 그렇게 싫어하던 공직을 마다하지 않고 군산에 가서는 깨끗이 잊어 버렸다.

지금 이 도깨비를 어디서 만난다면 돈을 또 줄 수는 없고, 요정에 가서 크게 대접을 하고 싶다. 왜냐하면 그때 나에게 인생의 참맛을 가르쳐 주었기 때문이다.

⑦ 마니라의 악몽과 교습선 감독관 생활

군산에서의 학교가 잘 되어 가고 있는 무렵, 문교부는 나에게 짐을 한 짐 지어 주었다. 교습선 건조 계획을 만들어 달라는 주문이었다. 물론 무보수로다.

1주간 수업 13시간을 목 · 금요일로 몰아붙이고 일요일도 쉬지 않고 서두른 결과, 한 달 만에 가설계에 해당

하는 일반배치도와 건조계획서(시방서示方書의 개요)가 완성되었다. 일반배치도는 그림이요, 시방서는 말로 나타낸 것이다. 수업을 몰아친 것은 한번 시작하면 손을 뗄 수 없기 때문에 능률을 올리기 위해서다.

점심 시간에는 막걸리 반 되쯤을 반주로 마시면 걸걸한 목이 축여지고 피로 회복이 된다. 또 오후의 강의는 더욱 힘차다. 퇴근 후에는 술시에 '기똥이네 집'에서 하루의 피로를 풀면 되었다. 오늘 막걸리 맛이 어떠냐고 들어가면서 물으면 '기똥차다(기통氣筒차다, 기막히다)'는 주모의 말에 따라 기똥이네 집이라 했다.

계획서를 본 문교 당국은 홀딱 반해서 나를 교습선 건조 위원으로 선정했다. 그러고선 모든 일을 나에게 맡겼고, 대덕 연구 단지에서 수조水槽 시험을 마친 다음, 결국에는 차관借款을 얻기 위해 사무관 하나를 대동하고 ADB(아시아 개발 은행)에 10일간 출장을 갔다.

그런 다음날 큰일이 벌어졌다. 여비를 내 몸에는 한 푼도 안 가졌고 사무관이 보관을 했는데 소매치기를 당해 버렸다. 경찰에 신고하여 그 일당을 잡기는 했지만, 다 써 버리고 조금만 남았었다. 문교부 직원은 이 일을 보려고 경찰서에 가 있고 나 혼자 남아 있는데, ADB에서는 빨리 나오라는 전화가 있었다. 돈이 없으니 진땀을 흘리며 속보로 갔더니, 왜 그렇게 땀이 나느냐고 했다. 얼마 전 TV에서 내가 걸었던 마닐라 거리가 나왔는데, 그때의 일이 생각나서 눈이 감겨졌다. 이렇게 땀을 흘리면서 ADB까지 걸어서 다니는 등 고생고생 다하다가, 안 되게 생겨서 출장일 절반을 남겨 두고는 뒷일은 사무관에게 맡기고 혼자서 귀국했는데, 사무관이 준 돈으로 택시비와 공항 이용료를 내고 나니 딱 맞았다. 만일 모자랐더라면 걸어서 숙소에 돌아갈 수도 없고 거지가 되었을 것이다. 문교부는 이런 사연을 알 리가 없고, 여하튼 그대로 건조 계획은 순조롭게 진행이 되었다.

이렇게 일을 하다 보니 문교부는 나를 인정을 해서 감독관으로 문교부에 파견 근무케 하고, 문교부내 부산대 출신 기계 기좌를 부감독관으로 묶어서 인천조선소에 주재케 했다. 여기서 큰 난관은 3가지 있었다. 하나는 어선협회측 감리를 지휘 감독하여 사업이 원만히 진행토록 하는 일이요, 둘째는 21억 예정가인데 16억에 낙찰이 되었으니 조선소가 5억이라는 손실을 보면서도 건조를 성공적으로 완료하는 일이요, 또 하나는 내 집은 군산에 있으니 주재비는 내 호주머니에서 나갔다.

문교부에서 약간의 판공비를 주었지만, 문교부 과장이 오면 접대해야지, 감리들이 수고를 하면 위로주(막걸리)를 사 주는 데도 모자랐다.

공사 기간중 조선소 다루기, 어선협회 감리의 감독 문제, 문교부 다루기, 수혜 해당 학교 다루기, 공기工期 문제, 외자 기기의 도입에 따른 조달청과의 마찰, 외자 기기의 운반, 들어온 외자 기기의 하자가 있을 때의 처리 기타 수많은 난관을 극복하고 결국은 원만히 공사를 완료하기는 했지만 그 동안의 스트레스는 말로 다 할 수는 없었다.

문교부에서는 과연 16억으로 교습선이 건조가 될 것인가 차관 이하 의심도 했으며, 상식적으로 안 될 것이 되었으므로 감사원 감사도 생략된 것으로 알고 있다.

학교에 돌아가면 훈장 내신을 하도록 말해 왔지만, 대통령이 잘 하면 내가 대통령에게 훈장을 주었으면 주었지, 어찌 내가 나보다 젊은 대통령에게서 훈장을 받겠느냐고 웃으며 사양하고 말았다.

⑧ 신원 조회와 나의 분노

1972년 내가 군산에 재임명될 때 신원 조회를 하니

「부친 ○○○는 6·25 당시 완도군 인민군환영위원회 위원장으로 부역하다가 수복 후 10월 5일 자수한 자임」
이라는 해괴 망측한 글이 있었다. 무언가 잘못이 있겠지, 그런 사실이 없었으니 무엇이 문제인가 하고 묻어버린 일이 있었다.

한편 앞에서의 교습선 건조에 쓰인 ADB 자금은 상당히 많은 금액을 남겼었다. 그래서 외자 담당 부서와의 협의 끝에, 교습선이 완공되고 나면 막대한 최신 기기들을 활용하기 위한다는 명목으로 일본 연수에 쓰기로 합의했다.

사실 나도 너무나 고생을 했다. 그만큼 공적을 쌓았으면 할말도 많았다. 문교부가 나를 어떻게 대접하는가 관망을 하고 있었다. 대접을 받으려고 한 것은 아니지만, 욕심대로라면 1년쯤 연수 명목으로 일본에 다녀오리라 생각도 해보았다. 외자 책임자의 말도 재미 있었다.

"다리를 놓고 나니 거지가 먼저 건너가더라고, 고생한 사람을 제치고 엉뚱한 사람이 간다, 그래서는 안 된다."

그런데 공교롭게도 이 업무를 관장한 부서는 관리과

였다. 그때에 관리과는 부산에 입항한 외자 기기를 인천조선소까지 수송하는 업무를 담당했는데, 하루는 관리과장이 내 부하인 양 나로부터 반말조로 당한 일이 있었다. 공기는 다가오는데 수송이 늦어지니 내가 화를 낼 수밖에 없었다. 그 후 수송은 잘 되어 효과는 있었지만, 이 과장이 나를 순순히 대접할 리가 없었다. 내 나이가 50이 넘은 것을 알고 일본 연수를 50세 이하로 제한을 했다. 고위층에서 나를 넣으라고 하니까, 이번에는 총무과에 있는 임명 서류 중의 신원 조회를 귀신같이 찾아내서 신원 이상자로서 제외케 했다. 결국 나는 앞에서 말한 바 있는 다리만 놓았지 건너지는 못했고, 다리를 놓지 않았던 모든 사람들은 건너서 일본 연수를 했다. 심지어 학장 · 교무과장 · 교장까지도 다녀왔다.

그런데 그 허무 맹랑한 신원 조회는 사실같이 보이지만, 부역한 일이 없으니 자수한 일도 없고, 환영위원장을 했다면 총살이라도 당했어야 하는데 아무 탈없이 현직에 있었다. 당시 가짜 인민군(나주 경찰)을 환영했던 사람들은 모두가 즉결 처분을 당했었다. 그런데 환영위원장(?)은 무사했으니 웃겨도 보통으로 웃긴 것이 아니다. 그러니까 앞에서 말한 바 있는 공천을 방해하는 모함으로 날조한 것이었다.

그 다음 일이 또 벌어졌다. 배가 완공이 되어서 일본까지 실습을 보내는데 나더러 단장을 하란다. 극구 반대를 하다가 드디어 내가 양보키로 했는데, 또 여기서 신원 특이자라고 선원수첩을 발급해주지 않는다. 거기에는 아버지가 완도군 인민위원장(군수)을 했다고 써 있었다. 환영위원장이 인민위원장으로 둔갑한 것도 이상한 일이다.

뒤에야 수첩(여권 해당)이 나와서 다녀온 다음 이제는 참을 수가 없었다. 기가 막혀서다. 귀신이 곡할 일이었다. 자수했다는 10월 5일이란 무슨 기념일이라도 되는 것인가, 6 · 25 당시 오해를 받아 죽을 뻔한 일은 있었지만, 그 오해는 그 당시에 풀렸다. 또 인공人共 시대에는 우익으로 몰려 죽을 뻔했는데 거꾸로 뒤집어씌우다니, 동내 북이란 말인가, 생각할수록 격분이 터졌다. 어떻게 보면 공산주의 사회보다도 무서웠다. 인위적으로 공산당을 만들었기 때문이다.

다음으로 그렇다면, 공무원 생활하는 우리 형제의 비밀리에 해 오던 신원 조회에 이런 문구가 있어서 우리들은 얼마나 감시를 받았으며, 신원 특이자 심사위원회

가 우리를 두고 도마 위에서 이상 유무를 판정해 왔을 것이다. 나도 심사위원이기 때문에 잘 알고 있는데, 다른 사람을 그렇게 해 왔다. 나를 심사할 때에는 나를 참석시키지 안했을 것이다. 내 동생 중에는 공군사관학교를 나와서 장교로 근무한 애도 있는데, 신원 특이자는 입학되지 않는다고 알고 있다.

울분이 끝이 없어, 실습단장을 다녀오고 나서 국가안전기획부에 시정 진정을 했더니, 증인들을 찾아 다니며 당시의 진상을 샅샅이 조사하고 나서 통지서가 왔다.

「귀하의 진정에 따라 사실 여부를 조사한바, 부친은 부역한 일이 없음이 밝혀졌습니다. 이 내용을 경찰에 통보하였으니, 이제 안심하시고 국가에 충성을 다해주시기 바랍니다.」

사필 귀정이라고, 이렇게 시정은 되었지만 나로서는 소 잃고 외양간 고친 격이었다. 그런데 도대체 누구의 작란으로 그런 엄청난 일이 꾸며졌는가를 더듬어 보니, 앞에 말했던 선거 때에 공천 방해를 위해서 모함을 했다는 확신이 섰다. 지금 나는 누구의 짓인지 환하게 알고 있다. 선거 때 내가 정치판의 더러운 측면을 보고, 이런 나라에선 공직에 남아 있을 수 없다고 복직을 사양했다고 했는데, 뒤에 알고 보니 이렇게 숨어 있는 정부의 더러운 사건도 발견되었다. 기절할 일이었다.

다시 한 번 말해, 나는 ADB 자금을 남겨 연수를 하도록 다리만 놔 주었지 나 자신은 건너지 못했다. 나 대신 수많은 사람들이 건넜다. 그래서 한편 생각해보면 좋은 일을 했다고 볼 수도 있지만 내 속은 아팠다. 1년 3개월간 국가에 봉사하는 기회로 생각해서 열심히 했고, 그동안 파견 근무한 숙식비를 바보같이 내 호주머니에서 부담했는데, 그 말로가 신원 특이자로 몰려 가련한 신세가 되었으니, 어디 내놓고 말할 수도 없는 처지였다. 다만 나라는 바보를 탓할 뿐이었다.

2. 왜 현대인에게 스트레스가 많은가

(1) 스트레스의 근본 원인

현대인이 많은 스트레스를 받고 있는 까닭은, 한마디로 말해서, 놀랍게도 과학 문명의 혜택을 입으면서 잘살고 있기 때문이다. 과학 문명의 혜택 아래 잘살고 있으면 스트레스를 받지 않을 것 같지만 그렇지 않다. 예전에는 가난하게 살면서 과학 문명 또한 어두웠다. 그래서 우선 먹고 살기에 바빠서, 죽어라 하고 농사 짓고 고기 잡는 데 부지런히 일하면서 스트레스를 생각할 시간도, 마음의 여유도 없어서 스트레스를 모르고 살았다. 모르는 게 약이었다. 스트레스라는 이름 자체도 없었다. 아니, 정확히 말하자면 말 자체가 없었던 것은 아니지만, 지금 우리가 쓰고 있는 뜻의 스트레스라는 말은 없었다.

더구나 과거 일정日政 시대에는 제국주의 · 군국주의의 압제로 견딜 수가 없었고, 해방이 되어 자유를 얻었는가 했더니, 또다시 6 · 25의 참변을 겪으면서는 우선 목숨을 붙이고 사는 데 급급해야 했고, 캄캄한 처지에서 불평 불만이 있을 수가 없고, 생명을 유지해 간다는 큰 대사大事의 앞에 사소한 일들은 자취를 감추어졌고, 또 그까짓 것 하는 식으로 참고 사는 것이 습관화되어 있었다. 똥이라도 먹으라 하면 불평 없이 먹어야 했다. 불편하고 괴로운 생활을 하면서도 그것을 당연한 것으로 생각하고, 온갖 일이 자기 생각대로 되지 않는다는 것을 잘 체험하고 있었다.

지금은 농사나 어업하는 방법도 쉽고 편해져서 거짓말 좀 보태면 누워서 떡 먹기라, 문제가 없어 쉽게 노인들만 종사하고 있다. 그뿐인가, 그 생산도 많아졌고 쌀이 남아돌고 있다. 모두가 잘살아서 육식肉食이나 양식洋食을 많이 하기 때문이다.

또 공산품과 의 · 식 · 주衣食住가 풍부해서 호의 호식하고, 거의가 문화 생활의 혜택을 받고 있다. 서민층은 못 살겠다 하고 부체가 많다고 하지만, 그래도 옛날보다는 비교가 안 되게 낫고, 어떻게 보면 거짓말을 좀

보태면 거짓말이다. 요즈음 거지가 없다는 것을 봐도 알 것이다. 요즈음 애들은 거지라는 말도 모르고 살고 있다. 못살고 부체가 많다는 것은 지출이 많았거나 낭비를 했기 때문이다. 주위의 사는 것을 보면 돈을 물 쓰듯 하고 있고, 학비 지출이 너무나 많다. 이전에는 과외 수업도 없었고 소학교만 나와도 만족했지만, 지금은 대학을 다니지 않는 자가 없을 정도고, 박사가 너무 많아 취업도 못하고 길바닥에 굴러다닌다. 이렇게 물 쓰듯 돈을 썼으니 못살고 부체가 많아질 수밖에 없다. 셋방에 살면서도 차車를 굴리고, 집집마다 인터넷을 사용하고 있으니, 사는 것을 비교해 보면 세계에서 가장 낭비를 하고 있다고 나는 보고 있다. 이 많은 돈들을 정부는 세금으로 거두어서 낭비의 극치를 이루고 있다. 돈이 남아도니 공무원 수를 최대한으로 늘리고, 물 쓰듯 예산을 낭비하고 있다.

잠시 외도를 했는데, 말이 옆으로 샌 까닭은 현대인이 과거에 비해 잘살고 있다는 것을 말하기 위해서였다. 이렇게 현대인은 풍족하게 잘살면서 걱정이라고는 없는 것 같지만, 그렇지만 실속은 달라서 그럴수록 반대로 스트레스는 더 많이 받고 있다. 지금부터 그 이야기로 들어가는데, 이 가지가지의 스트레스를 감당할 길이 없어 자칫하면 앞에서 말한 S씨와 같이 되는 것이 비일 비재하다.

우리가 살면서 스트레스를 받고 있다는 사실을 여기에 다 폭로할 수는 없지만, 예를 들어 의 · 식 · 주 생활에서, 가정에서, 직장에서, 사회 생활에서, 기타……에서 등등 수없이 많은 곳에서 스트레스를 받고 있기 때문에, 우리의 생활에서 받고 있는 스트레스를 모두 합한다면 애들 말대로 하늘보다 땅보다 많아 한시도 제대로 살 수가 없어, 하루바삐 저 세상의 편안한 곳으로 떠나야 할 만한 실정에 놓여 있다.

(2) 의 · 식 · 주 면에서

한국에서의 현대인들은 거의가 의 · 식 · 주에 걱정 없이 살고 있다. 원만하게 살면서도 스트레스는 많다. 과거에는 무의식 속에 살았지만, 과학 문명이 발달되고 경제가 성장할수록 사람들은 기본적으로는 현재의 생활 수준을 유지하려 한 데다, 되도록이면 더욱 향상시키려는 욕심에 혈안이 되어 있다. 더구나 지금은 경쟁의 시대라고 하고 있다. 물질적 혜택과 생활의 쾌적을 바라는 욕구는 한없이 커졌다. 과거에는 먹기 위해 일했지만 현대는 잘살기 위해 일하고 있다. 그 욕구의 앞에 양심과 도덕은 사라진 지 오래다. 그 대신 크게 자란 것은 스트레스다.

지금의 생활 수준을 낮추고 싶지는 않다, 그대로 유지하려는 것이 현대인의 마음가짐인데, 유지뿐인가 하면 더욱 향상시키려는 것이 욕구다. 이 욕구는 물질적 향상 욕구이지 마음의 향상 욕구라고는 볼 수 없다. 타인보다 보다 낫게 하는 것은 물질에서다. 이웃집에서 무언가 새로운 기구나 신형차를 사면 자기 집에서도 사고 싶은 것이 이들이다. 이웃집에서 수리를 하면 자기 집도 하고 싶다. 이러한 욕구는 보다 낫게가 아니라 타인과 같은 것보다 낫게라는 경쟁적인 욕구다. 자동차에 대해서 말하면, 차가 팔리는 것은 모델을 바꾸는, 또는 더 좋은 성능의 차를 내 놓은다는 회사의 노하우에 의하는 일도 있지만, 역시 타인보다는 더 좋은 차를 구하고 싶어하는 의식이 강하게 작용하고 있다.

일본인 경제학 박사 S씨는 '일본인 여성은 대체로 BDM을 갖고 싶어한다'고 말한 일이 있는데, 여기서 B

는 벤즈차, D는 다이아, M은 밍크 코트란다. 한국인이라 해도 다를 바 없을 것이다. 아니 그 욕구는 일본 여성보다도 더 강할 것이다. 이럴 때 남편 되는 사람은 또 사 주지 않으면 안 되게 되어 있는 것이 현대다. 또 맞벌이를 하고 있는 여성이라면 스스로의 능력으로도 살 만하다. 그러면 자연히 낭비가 될 수 있다. 낭비는 저축을 도둑질해 간다. 그러고 나면 노후老后가 걱정이 된다. BDM의 선호 사조는 역시 물질적인 것이다. 벤즈차 따위는 독일에 가면 대중차란다. 값싸다는 말이다. 그러나 여기서는 비싸다. 외제차를 월부로 구입한 지 하루 만에 사고로 폐차한 자도 있단다. 언제 없어질지 모를 차를 그 비싼 벤즈로 선택해서 사고로 폐차시킨다면 그가 받는 스트레스는……. 다이아 따위는 탄소炭素의 집합체에 불과하다고 생각하면, 이것을 비싸게 사고나서 인공 제품이 쏟아져 나온다면 버리고 싶을 것이다. 그렇지 않아도 다이아는 금고지기지 생활 필수품은 아니다. 언제 이를 손에 끼고 나갈 일이 있겠는가? 밍크코트도 특수인이 아니면 입을 기회가 없다. 다이아나 밍크나 내가 사서 지금 가지고 있다고 하는 일시의 욕구를 채운 것에 불과하며, 개밥에 도토리나 같다. 더욱

이 지구 온난화로 겨울이 다스워지면 밍크 같은 두터운 것은 필요 없게 된다. 이렇게 생각해보면 BDM은 전혀 필요가 없는데도 사람들은 다투어 사려고 덤빈다. 이것이 현대인의 경쟁심이며 스트레스의 원흉이다.

현대인은 거의가 의 · 식 · 주에 걱정이 없다고 앞에서 말한 바 있다. 그래서 살아가는 데 문제가 없을 것 같지만, 스트레스의 입장에서 본다면 분명히 문제가 크다.

의복의 경우, 남자에 있어서는 예전 같으면 잠바 정도로 털털 털고 웬만한 자리까지 걸치고 다녔지만, 요즈음은 그런 사람에게 인간 이하의 대우를 하는 것이 세상 인심이다. 고급 양복에 와이셔츠를 챙기랴, 거기에 목댕기를 매서 뇌까지의 혈액 순환을 막고, 더위에도 할 수 없이 견디어야 하고, 서울의 경우 매일 갈아입어야 하니 보통의 배려로는 안 되고 하나하나 신경을 쓰자니 괴롭고, 목댕기 색깔 하나만도 맞는지 불안하다.

여자 의복에 있어서는 남자와는 반대로 간소화되어 좋은 것 같지만, 여름에는 다리를 송두리째 그리고 배꼽까지 내놔야 하는 데 신경을 써야 하고, 그러면서도 비밀의 곳은 혹시 안 보일가 해서 불안하다. 겨울에는 밍크 코트 입고 부츠 신어야 초고급이므로, 껍질을 쓰는 데 막대한 돈을 낭비하면서도 혹시나 남보다 빠질까 여자의 허영심은 가슴을 조인다.

식생활의 경우는 농약을 비롯한 공해 물질이 큰 문제로 되어 있다. 무공해 · 유기농 · 친환경 식품이라 하고 있어도 얼마나 믿을 수 있는가가 문제고, 중국산을 국산으로 속여 파는 것은 상례로 되어 있다. 순진한 할머니를 거짓말쟁이로 둔갑시켜 팔게 하고 있다. 알면서도 알 수가 없으니 속고 또 속아야 하고 참아야 한다. 요즈음에는 중국 멜라닌 독소 때문에 날리다. 물고기 · 가축 등 사료로 기르는 것은 먹을 수 없게 됐다. 모든 것이 중국산 같으니 이제는 먹을 것이 없어졌다. 무엇을 사 먹고 싶어도 안심하고 사지지 않는다. 그러니 또 팔고 있는 쪽에서도 전혀 팔리지 않는다. 못 사 먹어 야단, 못 팔아서 야단이다. 소비와 매출이 없으니 일종의 공황같이 되었고, 생산도 필요 없게 되었다. 해방 직후의 일인데, 기숙사 방바닥에 어떤 학생이 '중국놈 사루마다(팬티의 일본 말)'라고 써 놓은 것이 기억난다. 얼마나 사는 것이 더럽게 보였으면 그랬을까 해서다. 유구한 역사와 문화를 자랑하는 중국 민족이 이제는 더러울 정도가 아니라 독약 식품을 보내 오고 있다. 요즈음엔 또 못난 것을 알아주는 세상이 되었다. 시장에서 가장 못난 것을 사면 국산임이 틀림없다. 해롭다는 인스턴트 식품은 식료품상에 필수품이고, 주부들은 알면서도 독약을 사 가야 한다. 조류 인플루엔자나 광우병 · 돼지병 때는 생명의 위험을 받고, 미국 쇠고기 수입을 반대하느라고 촛불 집회하기에 바쁘다. 더구나 식품에 발암물질이 들어 있다면 더 할말이 없다.

주생활에서는 날로 뛰는 아파트 값에 서울의 무주택 전세 생활자는 배가 아프다. 그러더니 무슨 정책 하나로 아파트를 못 팔아서 걱정이라고 한다. 시골 사람들은 서울에 이사 가면 땅 한 평도 살 수 없어 포기하고 살고 있으니 차라리 속은 편하지만, 서울에 사는 자식 걱정은 태산 같다. 또 예전에는 20평이면 족했는데, 요즈음 사람들의 욕심은 놀보 심보와 같아서, 그 넓은 평수에 살면서 세금은 고사하고 청소하는 데 가정부를 쓰자니 사람 다루기가 골치 아프다.

(3) 가정 생활에서

가정 생활은 예전과 크게 달라졌다. 핵가족이라고 하

지만 부모는 시골에, 자식은 도시에 살면서 이산 가족화했고, 명절 때면 한 번씩 만나려고 하는 고생은 거짓말을 조금 보태면 북한에 사는 이산 가족 만나기 같다. 부부가 맞벌이하는 집이 많아 수입이 좋은 것 같지만, 그 돈은 주거와 자녀 교육, 자동차와 인터넷 그리고 또 호화판 살림살이에 낭비되고, 별로 저축된 건 없이 고생만 하면서 집안 일은 소홀히 되어 있다. 그 중에는 토요 부부도 있어 이혼 아닌 이산 가족이 되어 있다. 혼자 사는 사람은 결혼 생활을 하고 있는 사람에 비해, 모든 인종 · 성별 · 나이에 관계없이 1.5~1.9배 사망률이 높다는 것이 연구되어 있다. 가족이 있을 때의 마음의 안정과 없을 때의 스트레스라는 차이가 나타난 결과다. 부모와 자식은 같은 집에 살면서도 만날 틈이 없고, 가정 교육은 달아난 지 오래여서 학생들의 도의 생활은 땅에 떨어지고, 탈선 행위는 사회의 지탄을 받으며, 학생 흡연자나 미혼모 또는 유산 경험 학생이 늘어나고, 소년원은 만원이다. 내가 잘 아는 K씨는 아들 때문에 머리가 희어졌는데, 잘 아는 경찰서장에게 전화해서 유치장에 가두어 둔 일이 있다. 많은 부모들은 아들 낳은 것을 후회하고 있고, 자식에게 투자한 돈으로 개라도

길렀으면 집이라도 지켜 주고 귀여운 재롱을 떠는 것도 구경할 수 있겠다고 비교하기도 하고, 아니 개는 호강이고 돼지를 길렀더라도 자식보다는 낫다고 하는 이도 있을 것이다.

여기서 현대와 가정 문제를 더욱 심각하게 생각해볼 필요가 있다. 현대의 가정은 시대와 사회의 흐름에 도매금으로 희생이 되어 있는데, 그러한 사례는 한없이 많지만, 가정 폭력 따위도 그 중의 하나다. 이혼율은 해마다 불어나고 있는데 그래도 부끄러운 줄도 모른다.

자식에게 독방을 주고, 충분한 용돈을 주고, 충분한 교육과 사교육까지도 시키고 하는 등 풍부하고 편하게 해주는 것이 과연 보탬이 되느냐 하면 사실은 그렇지 않은 편이 많다. 자식의 행복을 박탈하는 거나 마찬가지다. 나중에는 스트레스만 남는다. 자식들 입장에서는 자나 깨나 공부 독촉에 노이로제가 되어 있다.

더욱 심각한 문제는 현 중년층에 있어서 노부모를 누가 어떻게 모시느냐 하는 문제가 있다. 이것이 눈물의 씨앗으로 되어 있는데, 상속할 유산도 없을 적에 더욱 심각해진다. 장남이므로 모실 의무가 있다지만 당사자인 큰며느리 입장에서 보면 천만의 말씀이요, 우울증·

신경증 환자의 원인으로 되어 있다. 고부간의 갈등은 또 점점 심해져 간다. 선조의 제사를 지내는 데까지 이르러서는 입이 딱 벌어진다. 효부의 외에는 특별한 상속 없이 강요하다가는 자칫하면 시아버지가 뺨을 맞을 것이다.

가정의 물리화 · 기계화는 편리화했다고 하지만 꼭 그렇지는 않다. 청소기는 편리한 것 같기도 하고 불편한 것 같기도 하다. 때로는 신경질이 난다. 세탁기는 고맙기는 하지만, 그것은 싸구려에서 하는 말이고, 고급에서는 여러 기능이 갖추어져 있는데, 30대에서는 이것을 좋다고 하고 50대 이상에서는 설명서를 읽어 보고 몇 번을 해봐도 안 되어서 신경질이 나는 일이 있다. VTR은 혹 가다가 해보려고 하면 잊어버려서 안 된다. 아주 귀찮다. 위성 방송은 가끔 말을 듣지 않을 때가 있다. 이렇게 가정에서의 기계화 · 물리화는 좋은 점도 있지만 스트레스의 원인이 되기도 한다.

(4) 직장에서

직장 생활이 많아진 것이 현대 생활의 특징의 하나인

데, 특히 중간직에서 스트레스가 많이 쌓인다고 한다. 잘 아는 바와 같이 상사와 부하 직원 사이에서 샌드위치 신세가 되기 때문이란다. 상사의 눈치 봐야지 부하 직원 다스려야지 샌드위치가 안 될 수 없다. 또 입사 동기는 승진이 됐는데 나는 언제나 될까, 구조 조정 때마다 밀려나지나 않을까 하는 불안, 좌천 되었을 때의 반항심, 경쟁사와의 전쟁에 이기려는 노력 따위는 직장 스트레스의 표본이다. 최근의 한 보고에 의하면 직장인의 많은 수가 월요병을 앓고 있다고도 한다.

외자계外資系의 한 경리부장은 미국 손님이 오면 술 대접을 하는데, 그는 말도 서툴고 술도 좋아하지 않지, 2~3일 만에 또는 결산기에는 연일 주석에 나가야 하니 일하는 것보다 더 스트레스를 받고 있단다.

(5) 사회 생활에서

현 사회는 복잡한 대인 관계 속에 살고 있는데, 그 밑바닥에 깔려 있는 극도의 개인주의가 노골화되어 있다. 이 개인주의 중에서도 타인보다 더 발전하고 싶은 자기 본위의 사고인 나 혼자 좋으면 그만이라는 생각과 타인보다 우위에 서려는 자기 주장인 나 혼자 잘났다고 하는 사고와 그리고 권리 의식이 특히 문제로 되어 무섭기까지 하다. 자기가 가지고 있는 권리야말로 최고의 가치가 있는 것으로 착각하고 이를 주장해서, 자기 주장과 합해진 권리 주장의 면이 아주 강해졌다. 이 권리 주장이 강하다는 것은 여러 가지 민사 재판에 나타나 있어서, 특히 부유층 사이에선 유산 문제로 보잘것없이 스트레스감으로 되어 있다. 100억의 재산을 놓고 형제간에 경쟁이 되어 다투는 사이에 여기에 끼어 돈을 버는 사람은 변호사이고, 이어서 정신과 의사가 뒤처리를 하면서 국물을 좀 마시는 것이 현대 사회로 되어 있다.

현대 사회에서는 개인주의가 노골화되어 있다고 했는데, 그래서 이것 때문에 대인 관계가 심하게 경직되어 있다. 사람의 마음이 얼음이 되어 서로 차게 대하고 있는 것이 현실이다. 이 사회에서 사람을 대할 때는 상대를 의식해서 심리적으로 거리를 두고 접하게 되었다. 잘못하다가는 낭패를 당하기 때문에 이러한 경직성이 있는 것이다. 가령 예전에는 열차에 탔을 때 서로 모르는 사이라도 말을 걸어 가벼운 마음으로 대화를 할 수 있었지만, 지금은 안 된다. 자칫하면 위험하다. 자기 보호를 위해 참아야 하는 쓸데없는 신경을 써야 한다. 산속의 좁은 샛길에서 서로 마주치면 예전에는 젊은이가 비켜서는 것이 상례였지만, 요즈음엔 늙은이가 피해 주면 네 활개를 저으며 당당히 지나간다. 나 혼자 좋으면 그만이고 나 혼자 잘났다고 하는 것이 현대인의 사고 방식이다.

현대 사회의 또 하나의 특징으로 혼잡함을 들 수 있다. '서울 사람에게 보내는 편지'라는 글로 수상집(Ⅲ)에서 말한 바 있지만, 수도권은 인구 밀도가 너무 높아 혼잡해서 정신이 어지러워 마음이 안정 되지 않고, 모든 것이 자유롭지 않고, 공기도 탁하고, 마실 물도 없고, 교통 지옥에다 차타는 시간을 빼면 일하는 틈은 줄어지고, 지하철을 타면 먼지를 뒤집어쓰고, 땅값 · 집값이 터무니없이 비싸고, 도둑과 사기꾼이 우글우글하는 등 서울은 지옥이라고 평했었다. 휴가철에 가족 여행이라도 가려 하면, 명절에 고향 방문을 하고 성묘라도 하려면 교통 지옥은 절정에 달한다.

이러한 혼잡 속에 살면서 나타나는 현상은 역시 경쟁의 심리다. 어떻게 하든지 타인보다 빠르고 먼저 해야 한다는 의식이 싹트게 된다. 경쟁이 없으면 인간의 진보는 없다는 식으로 살아가는 가운데 신경증 환자는 늘어나고 있다. 엘리베이터를 타게 되면 '문 닫힘(close)' 단추를 반드시 누르고 있는데, 외국에서는 그냥 그대로 한가히 닫힐 때까지 기다리고 있다. 프랑스의 낡은 호텔 엘리베이터에는 닫힘 단추 같은 거는 아예 없다고 한다. 자동으로 닫히도록 기다린다. 우리가 무의식적으로 누르고 있는 것은 조금이라도 빨리 오르내리려는 욕구, 즉 경쟁 심리가 습관적으로 지배하고 있기 때문에 나타난 현상이다.

내가 안 쓰거나 남아도는 물품을 주면, 모두는 아니지만, 내가 거지냐고 불쾌한 감정에 빠진다. 내 것 주고 욕먹는 진풍경이다. 노량진 전철역 앞 육교를 퇴근시의 혼잡한 속에 끼어 가는데, 뒤에서 가래침을 뱉는 소리가 나서 혹시나 내 바지에 묻었을까 하고 돌아봤더니, 똥 뀐 놈이 성낸다고 야단이다. 파출소에 가자고 하다가 간신히 참았는데 심정은 깊은 상처를 받았다. 한 친구는 웃긴다고 상대의 등을 두들겼는데 싸움을 걸어 왔고, 매일같이 만나지만 몇 년 동안 마주쳐도 인사도 없다. 형님이라고 불러 왔고 술도 같이 마시는 다정한 사이인데도 그렇게 되었다. 잘못 대하다가 사기를 당하는 사례는 늘어나고, 그 기법은 상을 줄 만하다.

(6) 사 · 농 · 공 · 상의 면에서

옛날 선비들은 괴로운 일이란 별로 없었다. 그리고 선비가 될 만한 처지가 못 된 사람은 일찍이 포기하고 말았다. 그런데 지금은 선비 비슷한 직종에 취업코자 피투성이가 되어 있다. 그러기 위해서 먼저 학력을 얻으려고 하는데, 학생들의 어려움은 말이 아니다. 자나 깨나 공부 독촉에 노이로제가 되어 있다고 했다. 자기 집을 두고도 거주하는 것은 잠자는 시간뿐이다. 그러고도 입학하는 데에는 지옥이라는 말로 대변되고 있다. 부모와 선생의 쥐어짜기는 상상을 초월한다. 시달려서 오히려 공부하기에 방해가 될 지경이다. 이제는 박사학위 없으면 얼굴 내기 어렵고, 그래서 엉터리 학위도 많아져 어떤 측면에서는 낯이 부끄럽기까지 한다.

한국인은 부지런하고 머리가 잘 돌아가는 민족인데, 어떻게 된 일인지 한국산은 비싸고 외국의 값싼 농축산물이 들어와서 농어민들을 괴롭히고 있다. 셋방살이가 안방을 차지하려 한다. 이제는 이들을 좇아낼 길은 없고 이를 이겨 내자니 품종 개량에다 새로운 영농 기술, 친환경 생산 등 한참 골치가 아프다. 거기에 FTA다 쇠고기 협상이다 해서 이 바쁜 시기에 촛불 시위까지 하게 만들었다. 선조들이 이를 본다면 어떻게 생각할까?

공업 생산을 하는 기업들은 해마다 터지는 종업원의 파업을 감당할 길이 없다. 나 같으면 골치 아픈 기업 같은 거 처음부터 하지 않겠다. 그런데 한 가지 신기한 것은 파업 때문에 병이 났다는 사장님은 본 일이 없다. 스트레스를 이겨 내는 묘법이 있는 모양이다.

장사하는 사람 치고 거짓말하지 않는 자는 없는 세상이다. 중국산을 국산으로 둔갑시키고, 한우 쇠고기라고 속이려면 거짓말 박사 정도는 돼야 할 건데, 그러지나 그를 연구하노라 얼마나 골치가 아플까? 쇠고기 값을 한 번 올리고 나면, 소 값이 아무리 내려도, 그대로 값을 유지하는 상인들의 기술을 보면 뉴톤의 관성의 법칙까지 공부가 되어 있다는 것을 알아야 한다.

(7) 특수 직종에서

선거에 출마하는 것은 출세하기 위해서인지 좀 돈이라도 벌자는 데 목적이 있는지 모르지만, 당선될 사람은 한 사람뿐이니, 나머지는 부끄러워서 쥐구멍에라도 들어가야 할 처지이고, 써 버린 선거 비용은 어디서 다시 솟아날까 걱정이 된다. 당선된 자 역시 비용을 되찾자니 바쁘다. 정치를 하자면 거짓말을 밥 먹듯 하게 되는데, 사람 버릴까 걱정이 되고, 그 벌은 언제 받을지 모를 일이다. 야단을 친다고 해서 야당이고, 변명하느라…… 여, ……여 한다고 해서 여당이 있는 모양인데, 여야가 대립해 싸울 때면 곧 병이 날 것 같은데 무사한 걸 보면 국회의원의 강심장은 알아 줄 만하다. 금시 싸우다가 바로 돌아서서 악수하는 식으로 스트레스 해소의 기술을 부린 것도 같은데, 초보자는 잘 안 될 것이다.

세상이 민주화가 되니 군대에서는 하급자 다루기가 어려워졌다. 기합이 없어졌기 때문이다. 헌병들은 뿔이 나도 참고 견디어야 한다. 경찰이 죄인 다루는 데는 고문이 없어졌으니 자백을 받자면 속이 썩는다. 수사·수색을 하는 데도 기본권 보장이다, 이권 침해다 해서 논란이 많다. 범죄가 지능화되니 색출하기 힘들다.

(8) 자동차 문제

현대 사회는 자동차 문화 시대라고 해도 좋을 것 같다. 차를 몰고 다니는 것이 그렇게도 좋은 모양이다.

그래서 나 같은 차 없는 자를 구경하기란 어렵고, 집은 없어도 차는 가지고 있다. 이렇게 되고 보니 부작용도 심해서, 차를 가진 자의 입장에서는 교통 지옥이 문제고, 주차장 찾기에 시간과 신경을 써야 하고, 좋은 차를 가지려고 나오는 욕심을 누르기 힘들다. 차 없는 자의 입장에서는 걸어 다니기가 아슬아슬하고, 인도를 막고서 있는 차 때문에 신경질이 나고, 배기 가스 때문에도 고통이다. 시커먼 발암 물질을 내뿜을 적에는 죽이고 싶다. 내가 죽을 지경이기 때문이다. 그래서 나는 차가 지나가면 한참 동안 숨을 참는다. 2008년 9월 22일 하루를 차 없는 날로 정하여 차를 안 타는 일이 있었는데, 그 효과는 소나무 76만 그루를 심은 것과 같다고 하니 놀랄 일이다.

(9) 정부 정책의 면에서

정책을 한 번 정하면 특별한 경우를 제외하고는 바꾸지 말아야 하는데, 조령 모개식으로 자주 바꾸어지니 국민들은 정신이 어지럽다. 정책으로 조일 때는 피해를 보는 사람이 생기고, 정책을 풀어 주면 이익이 생긴다.

이렇게 불공평하면 당한 사람은 스트레스를 받게 된다. 그런데도 정권이 바뀌면 정책이 변하는 것이 당연시되어 있고, 상황에 따라 자주 바뀌는 것이 문제다.

정부 정책이 피해를 주는 사례를 여기에 다 열거할 수는 없겠지만, 예컨대 국립 공원이나 녹지綠地·한옥 마을 등에 묶여서 주민이 피해를 보는 사례는 수없이 많다. 그러다가도 일부 정책이 변하면 손해와 이익이 교차된다. 불공평하여 신경질이 난다. 또 정책이 현실에 안 맞거나 잘못된 사례도 많다. 그래서 데모나 농성이 생기기도 한다.

여기에는 몇 가지 보기만 들었지만, 여하튼 현대 사회를 살아가자면 가지가지의 스트레스를 피할 길이 없다.

3. 스트레스의 정체

(1) 스트레스란?

스트레스stress란 우리말로 여러 뜻이 있으나, 정신적 면에서는 긴장 · 피로 · 압박감 · 정신적 중압 등으로 나타낼 수 있고, 물리학 특히 기계에서는 변형력 · 응력應力 따위로 말할 수 있고, 의학 · 생물학 용어로는 경고 반응警告反應이라고 번역되고 있다. 그러니까 신체에서는 응력, 정신적으로는 중압감, 학문적으로는 경고 반응이라고 하면 되는데, 정확하게 말해보자면 '해로운 육체적 · 정신적 자극이 가해졌을 때 그 생체生體가 나타내는 반응'이라고 정의할 수 있다. 그런데 번역된 말이 어쩐지 신통치 않아서 실감이 안 나므로 그대로 스트레스라고 원어를 쓰고 있는 것 같다. 한마디로 스트레스라고 하지만 이 말을 처음에는 마음에 중점을 두고 사용한 말은 아니었다. 오히려 신체 의학상의 용어였다. 이것을 마음의 차원으로 확대 사용한 것은 인간이 심신일체의 존재이기 때문에 불가피하게 그렇게 된 것이다. 인간의 마음과 신체는 따로이면서도 따로따로가 아니고, 마음이 괴로우면 몸이 나빠지고 몸이 아프면 마음이 약해지기도 하는 것을 보면 심신이 일체임을 알 수 있다.

스트레스 학설을 최초에 제기한 것은 캐나다의 생리학자 셀리에H.Selye였다(1932). 그는 생체에 가해진 해로운 자극을 스트레서stressor라 정의했다. 이것은 생체의 여러 기능에 변형을 생기게 하는 것이라는 뜻인데, 이에 의해서 생체가 반응을 할 적에 이 반응을 스트레스라 하게 된다.

그런데 그 이전에 중요한 학설이 있었다. 생체가 살고 있는 외부 환경은 매우 변화가 많고 자극도 많지만, 생체의 내부 환경은 항상恒常적으로 유지되고 있다, 언제나 일정하게 유지하는 작용을 하고 있다, 생체가 언제나 균형을 취하는 자연의 힘을 가지고 있다, 다시 또 말해서 외부 자극에 대하여 인간의 몸은 반응을 하기는 하는데 다시 회복되어 항상 일정하게 유지한다는 설이다. 이 사실은 19세기 후반에 프랑스의 생리학자 C.베르나르에 의해 발견되었고, 이 내부 환경의 항상성이야말로 생명을 유지하는 데에 꼭 필요한 것이다. 가령 상처를 입더라도 곧 회복되어 그전과 같아진다. 이 특성을 미국의 생리학자 캐넌W.B.Cannon은 생체의 호메오스티시스(항상 기능)라 불렀다(1927).

그러나 셀리에는 생체가 외부 자극에 의해서 반응하여, 항상 기능이 유지될 수 없게 되면 신체 기능에 병증病症이 일어나는 것을 발견했다. 외부 환경 중에서 생체에 해로운 작용을 일으킨 이러한 자극을 스트레서라고 하게 된 것이다. 스트레서가 왔다고 해서 반드시 스트레스가 생긴다는 것은 아니고, 사람에 따라 차이가 있는 것은 물론이다.

미국의 J.J.그리스천은 들쥐 등 포유류의 개체수 변동을 셀리에의 스트레스 학설에 의해 설명하려고 시도했는데(1950), 재미나는 결과가 나왔다. 즉, 대발생에 의하여 먹이가 모자라고, 살 곳의 부족이 생기고, 투쟁 등 서로의 간섭이 커지면 이런 것들이 스트레스로 작용하여 생식 기능이 떨어지고 그러면 출생률이 떨어지고,

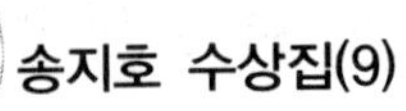

사망률이 높아져서 개체수가 감소한다고 했다. 셀리에의 스트레스 학설을 잘 뒷받침하고 있는 결과라 할 것이다.

(2) 스트레스의 진행 단계

셀리에는 스트레스에 대한 동물 실험을 했다. 개를 수조水槽에 넣어 온도를 낮추어 가면서 어디까지 견딜 수 있는가 하는 실험이다. 물론 개가 도망 갈 수 없도록 장치를 하고서다. 차차 온도를 낮추어 갔더니 당연히 반응이 나타났다. 호흡이 점점 빨라지면서 추워서 온몸을 덜덜 떨었다. 더욱더 낮추어 갔더니 떨 뿐 아니라 견디기 어려워 수조에서 도망 가려 했다. 더욱더욱 낮추었더니 개는 추위에 견디지 못해 죽었다. 동사한 것이다. 이와 같은 실험은 개뿐 아니라 고양이의 실험도 있었고, 미국에서는 원숭이에 대해서도 했는데 모두가 끝에는 죽었다.

임상 의학 실험에서는, 이러한 실험으로 죽은 동물의 해부를 해서, 어디에 이상이 일어났는가 하고 상세히 조사를 해봤다. 이것도 셀리에의 실험이었는데, 뇌에 이상이 생겼는가 했더니 그것이 아니고, 심장인가 했더니 그것도 아니고, 간장도 신장도 아니었다. 부신피질副腎皮質이라고 하는 신장상에 있는 초승달 모양의 작은 장기(4~8g)의 완전한 위축이 확실히 나타났다. 위축돼 있다는 것은 이 부신피질 자체가 망가진 거나 마찬가지다. 이 실험은, 동물에게 온도를 낮추어 춥다고 하는 자극인 스트레서를 주어, 스트레스로 견딜 수 없어서 결국에 죽게 되었을 적에 다른 장기에는 이상이 없고, 부신피질이 못쓰게 되어 죽었다는 것을 증명해주고 있다.

그러면 이 부신피질은 어떤 작용을 하고 있는가 하면, 여기서 부신피질 홀몬이 분비되는 곳이다. 이 부신피질 홀몬은 스트레서에 대항하여 생체를 지키는, 방위반응을 유지하는 물질이다. 그러니까 스트레스 반응이 일어나면 이 부신피질 홀몬이 나타나서 생체의 방위를 담당하게 되는 것이다.

그런데 부신피질이 망가져서, 이 홀몬이 분비되지 못하게 되면 전쟁에서의 화살 떨어지고 칼 부러진 꼴이 되어, 결국 병이 생겨 죽게 되는 것이다. 그러므로 이 부신피질 홀몬은 극히 중요한 홀몬인 것이다. 그런데도 우리는 평소에 이것도 모르며 살고 있다. 신체의 방위를 담당하는 막대한 군사력을 갖고 있는 위대한 존재를 알아 주어야 할 것이다.

스트레스에 대해서 생체는 어떻게 반응하는가 하면 다음과 같다. 이것은 아주 중요한 사항이다.

○ 제1기(경보기, 경계기)

스트레서가 오면 처음의 생체 반응은 경계하는 경보가 나타난다. 스트레서가 들어왔으므로 주의하라는 일종의 예보와도 같은 것이다. 하나의 반응이 나타나서 경계 신호를 주는 것이다. 개의 수조 실험에서는 호흡이 빨라지면서 춥다고 덜덜 몸을 떨었다.

○ 제2기(방위기, 저항기)

스트레스에 대해서 생체를 지키는 시기다. 개의 실험에서는 추워서 떨다가 견디다 못해 도망가려 했다. 방위 행동이 전개되었다. 생체를 방위하는 길은 개의 경우 도망갈 수밖에 없었다.

○ 제3기(피폐기, 항복기)

방위에 실패한 결과 나타나는 발작 또는 파탄이다. 개의 실험에서는 추위에 견딜 수 있는 한계를 넘었기 때문에 동사했다. 이 실험에서는 개에게 도망칠 수 없는 시설을 했기 때문에 도망치려다 실패하고 죽었지만,

사람의 경우에 해당시키면 병이 되는 시기다. 사람은 구속을 받고 있지 않으므로 방위를 하다가 안 되면 병이 나기는 해도 죽지는 않는다.

여기서 내가 죽지 않는다고 말했다고 해서 내 말을 그대로 믿기 쉬운데, 여기서만은 외곬으로 믿어서는 안 된다. 죽지 않는다고 말한 나이지만, 그 사람이 자유 권익을 행사하지 못한 결과 죽게 된 데에는 나로서 책임질 수 없다. 빨리 자유 권익을 행사하는 방위나 치료를 하지 않고 있다가 개같이 죽어 가지 말라는 뜻이다.

이상의 반응을 다른 방면에서 보기를 찾자면 가령 사람이 더우면 땀이 나서 체온을 식게 하고, 추우면 피부에 닭살이 일어나면서 근육이 수축하여 열의 발산을 막아 체온을 일정하게 유지하는 제2기의 방위 반응이 생긴다.

또 스트레스를 받거나 다른 원인으로 심장의 관상 동맥이 좁아지면 여러 가지 증상이 나타나는데, 이 때가 경보기라고 해야 할 것 같다. 그러나 생체라는 것은 바보가 아니어서 위험에 빠지면 빨리 위험을 면하려는 방위 행동이 나온다. 그래서 관상 동맥으로부터 가는 혈관이 수없이 뻗어 가기 시작해서, 좁아진 관상 동맥을

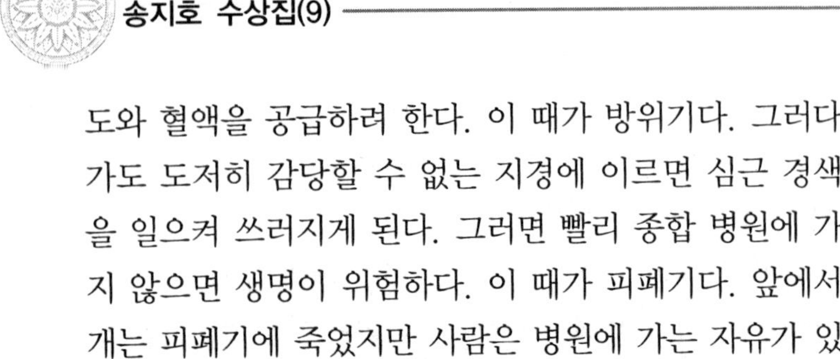

도와 혈액을 공급하려 한다. 이 때가 방위기다. 그러다가도 도저히 감당할 수 없는 지경에 이르면 심근 경색을 일으켜 쓰러지게 된다. 그러면 빨리 종합 병원에 가지 않으면 생명이 위험하다. 이 때가 피폐기다. 앞에서 개는 피폐기에 죽었지만 사람은 병원에 가는 자유가 있어 살 수 있다. 그런데 살 수 있다는 내 말만 믿고 병원에 가지 않고 있다가, 개같이 죽지는 말라고 앞에서 말했다.

앞에 1의 (1)에서 말한 S씨의 경우는, 정리 요약 첫째의 성공할지 어쩔지 몰라 마음의 불안을 일으키는 반응이 경보기, 둘째의 목표 달성을 하여 불안을 잠재우려고 전력을 다해도 불안은 더욱 심해져, 이 불안에 대항하려고 인간 능력의 한계에까지 노력을 쏟은 것이 방위기, 마지막의 불안이 견딜 수 있는 한계를 넘어서서 파탄이 생기고, 2차 불안까지 겹쳐서 고통을 받게 된 것은 피폐기에 해당한 것이다.

(3) 마음에서의 스트레스

생체를 향했던 스트레서를 마음의 영역에 전환시켜

서 볼 수도 있다. 마음에서도 몸에서와 같이 역시 3시기로 구분이 된다.

사람이 살다 보면 불행한 일을 당하거나 하는 일을 실패해서 마음이 우울해지는 수가 있다. 이는 누구나 경험한 일로써, 불행이나 실패라는 스트레서에 의해서 마음이 반응을 일으켜 스트레스로 되어 나타난 것이다. 우울증은 이렇게 스트레서로 인해 생기는 일이 많지만, 스트레서가 확실치 않으면서 일어나는 수도 있는데, 어떻게 해서 왔건 그 제1의 경계 신호인 초기 증상은 병적으로 잠이 안 오는 일이다.

잠자리에 잠을 청해도 잘 들지 않는 현상은 누구나 경험하는 일이지만, 우울증의 경우는 그와는 다르다. 잠자리에 임해서 뿐만 아니라 도중에 잠이 깨서 도무지 자지지 않는 수면 장애다. 대체로 2~3시경에 잠이 깨지면 그 다음은 다시 제대로 자지는 못하고, 아침까지 건성으로 자는 것처럼 하는 것이 우울증 수면 장애의 특징으로 되어 있다. 이 때가 경보기다.

이것을 방치하게 되면 다음의 방위기로 들어가는데, 우울증의 경우는 어제 밤의 수면 장애 때문에 다음날 머리가 멍하여 개운치 못하며 눈이 아물거리고, 머리의 회전이 심하게 둔해지면서 잊음이 헐해지고, 아주 간단하게 지금까지 해치웠던 일감도 하기가 어렵게 된다. 녹슨 톱니바퀴 모양이 되어 버린다. 신문을 봐도 글자만 지나가지 내용은 머리에 들어오지 않는다든지, 평소에 좋아했던 TV를 봐도 그저 보고 있을 뿐 내용은 머리에 들어오지 않아, 마치 귀머거리가 TV 보는 거나 같다. 귀머거리는 그림만 지나가지 소리는 못 듣기 때문에 뜻은 모른다. 그러면서 그 다음에 나타나는 것은, 이것은 마음의 병이므로 몸에는 증상이 없을 거라고 생각하기 쉬운데 그렇지 않고, 신체적 자각 증상이 나타난다.

신체적 증상이란 머리가 무겁고 아프다. 그 중에는 머리 속에 구름이 낀 것 같다든지, 조인 것 같다는 경우도 있다. 특히 가벼운 일을 했는데도 곧 이어 머리가 무겁고 아픈 두통이 있다. 그러면서 그것이 꽤 오래 간다. 2~4주 이상 매일같이 계속되어서 뇌파 검사를 해봐도 특별한 이상은 없다. 그러한 때 여기까지 오면 방위기에 들어 있는 것이다.

이 경우 신체적 자각증은 정신적 스트레스에 대한 반응이라고 생각해야 한다. 즉, 정신적 스트레스에 신체가 말하고 있는 반응이다. 그러므로 마음의 병일 경우는 언제나 마음의 자각증뿐일 것이라는 사고는 옳지 않다. 신체적 자각증도 따를 수 있는 것이다. 그것은 앞에서 말한 심신 일체를 생각하면 된다.

여성이 우울증이 되면 생리 불순이 된다. 그 중에는 수개 월간 정지해 버려서 검사를 해봐도 별로 이상이 없다고 하는, 이것도 방위 반응으로서의 신체의 자각증인 것이다. 또 이 방위 반응은 체질적으로 약점인 부분, 가장 미묘한 기관에 나타나는 일이 많다. 예컨대 위가 약한 자는 위가 아프다든지 식욕이 떨어지고, 소화기 증상 특히 변비가 나타나는 일이 있고, 장이 약한 자는 설사와 변비의 반복이 생기는 수도 있다. 또 급하게 심장이 두근 세근하고 뛴다든지 조인 것 같은 감이 나타난다. 그때 심전도 검사를 해보면 아무런 이상이 없다.

또 우울증에서는 살이 빠지는 일이 있고, 중요한 증상은 피로가 심하다. 우리가 하루의 활동을 하면 당연히 피로하게 되지만, 그 피로가 다음날까지 이어져서 양적으로 누적이 되는 피로, 이질적이며 무어라 표현하기 어려운 심한 피로, 납덩이를 몸속에 짊어진 것 같은

피로, 이런 식으로 나타나는 것이다. 과음을 하면 다음 날 피로가 오는데 마치 이것과도 비슷하다.

그래서 방위기가 되면 신체적 증상 때문에 능률이 떨어져서, 지금까지 무난히 해 왔던 일도 할 수 없게 된다. 예컨대 주부가 요리를 한다든지, 시장을 본다든지 하는 것이 귀찮고, 해야 하겠는데, 가야 하겠는데 하면서도 되지 않는다. 아침 출근도 극도로 부담이 되어서, 피로를 잊기 위해 온천이라도 다녀올까 하지만, 관광이라도 다녀올까 하지만 잘 안 되고, 다녀와도 소용이 없다. 보통이라면 즐거울 일도 반대로 고통스럽고, 그 자체가 거꾸로 스트레서가 된다. 자동차 운전도 좋아했는데 안 되고, 술 맛도 모르고, 식욕이 없으므로 먹어도 모래알 씹는 것 같다. 행동면에서는 말이 적어지고 소리도 작으면서 늦어지고, 표정은 북국의 겨울 하늘처럼 잿빛이 되어 어둡다. 웃어도 거짓 웃음이 되고 평소의 행위와는 다르다.

이쯤에서 전문적 치료를 받으면 나을 수 있다. 그런데 이 방위기를 넘어 제3의 피폐기에 들어가면 완전한 파탄이 기다리고 있다. 그렇게 되면 정신 증상인 본격적인 중증 우울증에 빠져서 심각하게 된다. 능력이 심하게 떨어지면서 병적 피로감이 강하고, 두뇌 작용이 둔해진다. 극도의 열등감과 자신 상실감에다 죄업罪業 감정까지 생겨 미안한 감이 든다. 주위의 신세를 져서 할말이 없다는 식으로 죄의식이 되고, 절망감·공백감·허무감·비애감으로 이어진다. 다음 대화는 우울병 환자와 의시와의 사이에서 이루어진 것으로, 여기서 우리는 우울증 환자의 마음 상태와 그 어두움의 깊이를 이해할 수 있을 것이다.

의사 "당신의 어두운 마음 상태를 말해보십시오."

환자 "내 주위 모든 것이 회빛으로 보입니다. 그러면서 내 앞에 문이 닫혀 있어서 앞으로 나아갈 수 없습니다."

의사 "그 어두움은 슬프다든지 허전하다든지 하는 느낌입니까?"

환자 "아니요, 절망 이상의 느낌입니다. 땅이 쑥 가라앉아 가고 내가 같이 빨려 들어간 느낌입니다."

의사 "요즈음 잠이 자집니까?"

환자 "벌써 몇개 월째 자고 있는 것으로 생각되지 않습니다."

여기서 보는 바와 같이, 우울병의 때에는 외인外因으로써 절망하지 않으면 안 될 만한 이유가 없는데도, 마음 그 자체가 절망감에 빠져 있는 것이다.

신경증(노이로제)으로 죽은 자는 드물지만 우울증만은 그 예외 중의 예외여서, 앞에 말한 심리 상태로부터 자살로 이어질 수 있다. 이것이 신문에 잘 나는 이유없는 자살이다. 건강하게 살았던 자가 이유도 없이 유서도 남기지 않고, 그러면서 결정적으로 100% 죽을 수 있는 수단을 선택한다. 그러니까 수면제 같은 건 먹지 않고 높은 건물에서 몸을 던진다든지, 열차 건널목에 뛰어든다든지 해서 반드시 저승길에 직행하는 묘법을 쓴다. 더러는 한가족 동반 자살을 기하는 일도 있다.

이 글을 쓰고 있는 중에도 한 연예인의 자살이 있었는데, 역시 유서도 없었고, 이유없는 자살이었고, 100% 성공하는 길을 택했다. 이것만 보면 스트레스에서 오는 마음의 우울증에 의한 자살이라는 것을 판단할 수 있다. 중년층에서 갑자기 자살하는 일은 우울증의 경우가 많다고 한다. 명색이 남자이며 사회적 책임이 있는 중년층이 돌연 자살하는 원인으로써는 생각에 따라서는 너무나 사소한 일이다. 우울병은 정신병의 일종이므로 즉시 전문가에 의뢰하여 치료하지 않으면 큰일이 난다.

지금까지에 말해 온 우울증 또는 우울병과는 별도로

신경증(노이로제)이라는 것이 있는데, 신경증은 정신병이라고는 할 수 없고, 정상적인 마음이 외부의 상황에 대해서 대응이 잘 안 되어 생기는 현상이다. 그리고 이는 자기애自己愛(자기의 가치를 높이고 싶은 욕망에서 생기는 사랑)가 강한 사람에게서 일어난다. 따라서 자살하는 것 같은 일은 거의 없다.

보기를 들어 자기가 직장에서 승진이 된다고 할 때, 자기애가 강한 사람이라면 내가 과연 그 직위에서 잘할 수 있을까, 나에게는 좀 과분한 자리는 아닌지 하고 걱정을 하는 경우, 이는 앞에서의 우울증은 아니고 노이로제라고 해야 할 것인데, 이 경우에는 정신병이라고는 볼 수 없고 정상인으로서 해보는 걱정이며, 사실은 이 고민은 자기를 사랑하며 자기가 그 지위에 걸맞은 인물이 되고 싶다는 마음에서 나온 것으로, 따라서 이 경우는 자살 같은 건 있을 수 없다. 이와 같은 보통인이 갖는 고민과 앞에서의 우울증과는 근본적으로 다르므로 주의를 요한다. 몇 가지 특징을 들자면

우울증

○ 자기 비난

○ 특별한 외적 원인이 없을 수 있음

○ 급하게 생겨서 갑자기 자살하기도 함
○ 몸이 피로하기 쉽고 체중이 감소한다
○ 동작이 둔하고 말수數가 적어진다
○ 기분이 안 좋고 안정감이 없다
○ 아침 일찍 깬다(불면은 중요한 증상)
○ 오전에 증상이 나쁘다

신경증(노이로제)

○ 자기 사랑
○ 외적 요인이 뚜렷한 경우가 많음
○ 고민하기 쉬운 성질을 가진 자에 많음
○ 체중 감소 없음
○ 동작은 보통, 말수가 적지는 않음
○ 결단력이 부족함
○ 밤에 잠들기 어렵다
○ 오후에 일하고 있을 때 나쁘다

4. 스트레스의 마음에 미치는 영향

스트레스의 근원이 스트레서이고, 그것이 생체에 미칠 경우 스트레스 반응이 일어나서 몸에 여러 가지 동요를 일으킨다는 것은 이미 말한 바와 같고, 또 마찬가지로 마음의 반응에 있어서도 역시 스트레서는 스트레스를 일으킨다고 했다. 즉 스트레서는 마음의 차원에서도 스트레스라는 무거운 짐으로 화化하며, 이것을 마음의 스트레스 반응이라고 할 만큼 마음 자체에 변화와 동요를 일으키게 된다. 직장인은 물론 일반인도 이렇게 무의식중에 스트레서에 마음은 노출되어 있다. 현대와 같이 속도가 빠르고 그러면서 변화의 시대, 복잡한 대인 관계 속에서는 특히 그렇다.

자기 나름으로 건강하다고 생각되는 마음이 과연 그러한가? 생체의 스트레스 반응에는 현대 의학에 의해서

꽤 충분한 대책이 취해져 있지만, 반면에 마음의 스트레스 반응에 대해서는 거의 속수 무책으로 방치돼 있는 것 같다. 그래서 앞에 말한 것과 같은 사태인 마음의 병에 이르러서야 비로소 사태의 중대성을 인식하게 되는데, 그래가지고는 이미 늦었다고 말할 수밖에 없다. 왜냐하면 치료하는 데 3~4개월 또는 1년 여의 시일이 걸리기 때문이다. 이렇게 되어서는 본인의 손해는 물론 직장에서의 입장도 더욱 묘하게 된다.

앞에서의 가지가지 예들은 마음에서의 스트레스가 될 수 있는데, 그래서 이 사회를 살다 보면 언제나 어디서나 마음은 스트레스로 '동요－안정－ 동요'라는 바퀴를 돌고 있다고 해도 될 것 같다. 따라서 마음의 건강에는 이 바퀴의 흐름이 원만히 회전되면서 항상 안정이 파탄 없이 보장되어야 할 것이다.

그렇다면 스트레스로 인한 마음의 안정이 아닌 동요는 어떤 현상으로 나타나는가 해서, 위험에 이르는 보기를 들어 보면 다음과 같다.

(1) 우울

이것은 스트레스가 병적일 때에 공통으로 나타나며, 또한 기본적인 초기 증상이기도 하다. 앞에서 설명한 바와 같이, 머리가 이전같이 원만하게 작용되지 않는다든지, 머리의 회전이 둔해지는 것이 자각되며, 녹쓸은 톱니바퀴 모양이 된다고 했다. 머리 회전이 둔해지면 태도나 행동의 면에서도 속도가 늦고 행보行步가 무거워진다.

행보가 무거워진다는 것이 중요한 점으로, 평소와 달라서 해야 하겠다고 하면서도 실제로는 하고 싶지 않고, 평소에 쉽게 했던 일이 고통이고 하기 어려워진다. 결혼식에 가야겠다, 상가에 조문 가야겠다 하면서도 거동하기 싫고, 거동하기 자체가 어려워지고 고통이다. 이빨을 닦는 것도 목욕을 하는 것도 대단한 일이 된다. 일상 생활에 이렇게 미치게 되므로 지장이 된다.

친한 사이이면서도 피하고 싶고, 표정에는 우울함이 나타나는 것은 당연하다. 예컨대 웃어도 정말 웃음이 아니고 형식만 웃지 정말로 우습다는 식이 아니다. 달팽이 웃음같이 된다. 심하면 이런 보잘것없는 그 자체가 없는 수도 있다. 인간으로서 중요한 의미를 갖는 생

生의 흐름이 위 속에 체한 것같이 되어, 그 사람 전체에서 어두운 감이 주위에 전해진다.

어떻게든 고치려고 무리한 노력을 계속하는데도 이것이 헛수고가 되는 일이 많다. 여기 무리한 노력이란 누군가의 도움을 받아서라도 해보고 싶은 따위도 포함해서다. 누군가의 도움을 받아도 되고 주위에 상담을 해도 좋을 것 같은데 잘 안 된다. 그렇게 해서 고독과 우울의 지옥에 빠지고, 자기는 벌써 능력을 잃었다는 절망감으로 넘어가 자살의 위기를 맞는다. 종일토록 멍하게 지내는 상태가 병적인 우울인데, 본인은 그 모습을 보이고 싶지 않은 것도 특징이다.

어느 택배 회사의 영업소장인데, 소장이 되고 나니 좋아서 그 활동은 대단했다. 그 회사 전 영업소 중 실적이 1등이 되었는데, 그러기 위한 노력이 대단했다는 것이다. 아침 일찍부터 밤 늦게까지 점심 시간도 반납하고 시내 상황을 파악하면서, 방문처를 정해 빠짐없이 찾아 다녔다. 그 결과 영업 성적이 갑자기 올라서 그의 월급도 상당히 인상되었다. 그 후 그는 실적이 오르지 못한 다른 영업소에 돌려졌다. 그는 같은 방법으로 부하를 독려하면서 힘을 썼으므로 그 영업소에서도 또 크게 성적을 올렸다.

이와 같이 해서, 그 후에도 그는 영업이 잘 안 되는 영업소를 차차 돌아가며 맡아서, 성적을 올리는 노력을 쉴 새 없이 하도록 회사로부터 강요 당했다. 그런데 그러한 노력이 그의 몸이나 마음에 도움이 될 리가 없었다. 인간의 몸이나 마음은 원래 견딜 수 있는 한도가 있어서, 거기를 넘는 노력을 하다가는 파탄되는 것이다. 그가 바로 이 지경이 되었다.

그는 병원을 찾았다. 그 결과 우울형 신경증으로 진단되었다. 이 병은 언제나 머리가 멍하면서 잘 돌아가지 않는다. 회의에 나가도 발언을 할 수 없고, 머리가 아프고 식욕이 없어진다. 얼굴이 어둡고 말투도 밝지 못하다. 그런 일로 그는 회사에서 한물 간 인간으로 대접을 받게 되었다. 뒤에 그는 회사가 자기를 걸레로 취급했다고 원망했는데, 사람을 그렇게 취급하면 아무리 급료가 많더라도 문제가 있는 것이며, 인간의 뇌와 마음의 한도가 넘도록 무리를 하면 모처럼의 우수한 인재도 못쓰게 되어 버린다. 그의 경우의 증상도 회사에 나가는 것이 싫어지고, 한숨만 쉬다가 밤에는 잠을 잘 수 없는 상태가 되었다.

그는 의사에게

“나를 영업소마다 쳇바퀴 돌리듯 맡게 한 상사놈이 미워서 죽겠다”

고 했다. 어느 날 밤에 그는 나쁜 꿈을 꾸었다고 했다. 어떤 꿈이냐고 의사가 묻자

“나를 그렇게 한 상사와 일을 개을리 한 부하들을 모조리 권총으로 죽여 버려서 피바다를 이루었다”

고 했다.

그런 일이 있고 나서 그의 병상은 차차 좋아지기 시작했다. 정신과 의사는 꿈 해석을 잘한다. 그래서 환자에게 되도록 잘 말해 준다. 이는 정신 분석의 창시자 S.프로이트의 고안에 의한 것이다. 그의 경우에는

“그것은 좋은 꿈이었습니다. 당신이 미워해서 죽인 것이 현실이 아니라 꿈이어서 다행이었습니다. 그것이 현실이라면 큰일이었지만, 꿈에서 그런 것이어서 당신이 좋아진 증거입니다”

하고 말해 준다. 그러면 환자는 밝은 표정으로 변하여, 그러고 나서부터 차차 쾌차하게 되는 것이다.

이렇게 해서 그는 완치되었는데, 영업소장을 그만두고 사무직으로 옮겼다.

(2) 불안

우울과 같이 오는 일이 많은 것은 당연하다. 불안은 누구에게나 있는 일이고 불안이 없는 사람은 아마도 없을 것이다. 그래서 이것을 현실 불안이라 하고 있고, 일상 생활에서 해결해야 할 어려운 문제와 만났을 때는 불안한 심리 상태가 되는 것이다. 이렇게 일상 생활에서도 불안은 있는 것이지만, 스트레스에서 오는 불안이 특히 문제시된다.

불안은 어쩐지 의지할 수 없다, 믿을 수 없다, 될 것 같지 않다는 식으로 나타난다. 가령 수도관이 오래되어 터졌다고 할 적에 그것이 심하게 마음에 울려오면서, 처리할 수 있는데도 방법이 떠오르지 않는다. 불안하기 때문이다.

보기를 들어

"이번에 아들에게 시험이 있으니 그에 대비해서 며칠간 가정 교사가 필요한데 어떻게 생각해요?"

하고 부인이 상담을 하면

"내버려 둬!"

하는 무심한 태도, 이것도 마음속에 불안이 있어서다.

줄담배를 피운다든지 술 의존증 같은 것도 불안 초조

감에서 오는 것이다. 또 여기 앉았다가 저기 앉았다가 하는 것은 마음의 불안을 이기지 못해서이며, 그런 행동으로 불안을 잠재우려 한 것임을 알 수 있다. 그러면서 손발이 떨린다든지 말소리가 떨린다든지 한다. 이와 같이 병적으로 되면 앞에서의 S씨와 같이 된다. 지금이라도 죽을 것 같다, 가슴이 조이고 고통스럽다, 식은땀이 난다, 온몸에서 피가 빠진 것 같다는 식으로 갑자기 불안 발작이 생긴다. 불안은 그 사람의 표정에도 분명히 나타나서 눈 놀림이 피로해 보이고, 사람을 접촉할 때의 태도가 다르다.

(3) 공포

이것도 누구에게나 있다. 가장 많은 것은 대인 공포다. 인간은 사회적 동물이므로 무인도에라도 가지 않는 한 누군가와 반드시 접촉하게 된다. 따라서 대인 공포가 사람과의 접촉에서 의식되기 쉽다. 예컨대 시선을 마주칠 수 없다든지, 주시하면서 말할 수 없다든지, 상대가 자기보다 훌륭한 존재처럼 보이게 된다.

그렇지만 사람을 싫어하는 것과는 다르다. 어떻게든

원만히 접촉하여 교재하고 싶은 기분은 아주 강한데도 그것이 잘 안 된다. 그러므로 자기는 못났다 하고 생각하면 더욱더 대인 공포에 빠지게 된다. 사람들 앞에서 얼굴이 빨게진다는 신체 변화도 생길 수 있는데, 이런 때는 위축된 감이 그의 태도에 느껴진다. 열등감이 강한 사람에 많은 공포다.

공포가 병적으로 되면 정신 분열병의 공포 증상처럼 되어 망상妄想에 따르는 공포도 생긴다. 망상이란 없는 것을 있다고 믿는 생각이다. 특히 피해 망상 환자에 있어서는 사람을 피해서 자기 방에 숨어 버린다. 방을 잠그면서 사람을 놀라 피한다. 이것이 병적 공포인 피해 망상증이다. 그러니까 현실에 근거가 없는데도 사람을 피해 숨는, 이유가 확실치 않는, 대상이 없는 공포라고 해야 알기 쉬울 것이다.

공무원 계장으로 35세의 남성, 일은 잘하는데 어느 날

"계장? 그 사람 강할 것 같지만 의외로 소심해!"

하는 부하들의 평판이 귀에 들어간 이후 그에 반응하기 시작했다. 상사도 그렇게 생각하지나 않을까 해서 공포증에 걸려 회의에는 발언도 못한다. 그렇게 의식되니 직장 사람들과 시선을 마주치는 것도 고통이고 열등감

이 싹텄다. 이렇게 되면 직장 생활이 원만할 수 없고, 능력은 떨어지고, 출세에도 지장이 커진다.

(4) 무관심

자기 가족이 병에 걸려도 무관심, 이웃이 죽어도 무관심, 친구가 슬픈 일이 생겨서 상담차 와도 무관심, 자기 자식이 입학 시험에 실패해도 무관심, 이러한 주위에서 생긴 일, 신변의 변화 등 모든 면에 무관심한 태도다. 성욕도 자연히 없어지고 여기에도 무관심, 복장에 관심을 갖는 것은 절대로 없고 며칠이라도 때 묻은 속옷을 입고도 태연하다. 일상 생활 전반에도 무관심 · 무욕無欲 증상이다.

일을 하는 데에도 마찬가지다. 본인은 게으른 것은 아니다. 주의를 주면 "예!" 하면서도 지키려 하지 않는다. 주의나 충고가 소용이 없다. 정신 병리적으로 보면 마음 자체가 무관심으로 되어 버렸으므로 본인은 자기가 무관심하다고 생각하지 않는다. 정신 분열병자가 자기는 모르고 있는 것과 같다. 자기 자신이 모르고 있으므로 거의가 말도 없다. 마음을 열어 주는 일이 없으므로 말수가 적다. 마음의 표현이 없어진다. 언어 표현 기타 모든 표현을 포함해서 표현이 없어진다. 즉 사람다운 반응이 없다. 보통 사람이라면 무슨 말이 있었을 적에나 무슨 일이 있을 적에는 반응하는 것인데, 이해가 잘 안 되겠지만, 그런 반응이 없다는 것은 마음속에 감정의 파동이 없다고 해야 할 것이다.

(5) 불만

불만일 때의 태도는 불쾌한 표정을 한다, 말의 토를 단다, 자기 책임을 정당화해서 타인의 탓으로 돌린다, 노골적으로 욕설을 한다는 등이다.

히스테리라는 정신병의 병리病理는 주로 불만으로 되어 있다. 히스테리라는 것은 불만을 억제하다 못해 억제할 수 없게 되어서 감정이 폭발해서 말대꾸를 하고 욕설을 하는 히스테리가 되는 것인데, 그렇지만 본인에 있어서는 아주 강한 감정의 파동이므로 자신의 잘못을 절대 인정치 않는 감정을 갖는 것이다.

컴퓨터 회사의 기사 32세, 인사 이동으로 입사 동기들이 한 발 앞서 승진되었는데 자기만 남았다. 이후 마음의 불만을 안은 채 그것이 두통 · 피로 · 정력 감퇴로 나타났다. 그런 것이 이유가 되어 회사에 나가기가 싫어졌다. 월요일의 출근이 특히 고통스럽다. 그 결과는 술에 의존할 수밖에 없었다. 이런 일은 회사에의 불만, 일이나 입장상에서의 불만이 원인이 되어, 대인 관계에서 과잉 스트레스를 받아 생긴다.

(6) 의심

의심하는 것은 누구에게나 있는 감정의 파동이다. 사람을 의심하는 데 있어 한 번 속으면 두 번 다시 속지 않으려는 감정 따위가 태도에 나타난다. 이러한 의심이 생겼을 적에 자기 마음을 잘 조정하지 못하면 곤란한 사태를 가져 올 수도 있다. 예컨대 겨울에 추워서 수도관이 터졌는데, 생각이 나기를 연일의 추위에 수돗물도 못 쓰니 짜증이 나지만, 사실은 날씨 탓이니 어쩔 수 없는 일이기도 한데, 의심이 많은 사람은 그 감정을 어느 곳에 부딪치고 싶어지면 죄없는 시청 수도과에 보복의 화살을 쏜다.

의심증의 정신 병리를 살펴 보면, 처음 말한 우울증

이 오래가면 의심 현상이 생기는데, 이 때 눈에 띄는 것은 태도가 아주 과민하게 되어 있는 점이다. 아무 일 없는 타인의 말이나 태도를 자기에 대한 것으로 해당시켜, 자기에 대해 비난으로 받아 드린다. 예컨대 직장의 상사가 자기에 대한 갑자기 태도가 변했다고 느낀다. 상사도 사람이므로 때로는 기분이 안 좋을 수도 있는데, 그것을 자기에 대한 불쾌감이나 비난으로 받아 들인다. 그래서 마음의 상처를 받는다. 모두를 과민하게 그러면서 나쁘게 받아 들이면 안 좋은 일만 짊어지게 되므로 더욱더 스트레스가 쌓이게 된다.

여성이 많은 직장, 예컨대 은행 창구나 백화점 따위에서 여성을 부릴 때는 여러 가지 어려운 면이 있다고 한다. 그 원인이 되는 것은 의심이라 한다. 가령 A · B · C · D 4인의 여성이 있을 때 A에게 무엇을 시키려면 그때 무언가 이유를 말해 줘야지, 그렇지 않으면 나머지 3인이 왜 A를 시키는가 해서 뒤에 뒤에까지 의심을 사서 문제가 커진다는 것이다. 그 이유는 현실적 이유가 아니라도 좋단다. 머리털이 짧으므로 오늘은 이 사무를 좀 처리해 달라고 해도 되고, 하품을 했음으로라고 해도 이것으로 충분히 합격이 된단다. 학교 수업

중에도 여학생 다루기는 힘든다고 한다. 시선이 한 학생에게 가도 안 되고, 문답은 고루고루 행해져야 한다. 여성이 많은 직장에서는 대인도자 · 중인도자 · 소인도자가 있어서, 대 · 중 · 소 인도자에게 이유를 설명해 둘 필요가 있다. 그렇지 않으면 나중에 반발이 온단다. 이것도 의심에 의한 것임을 모르면 제대로 관리해 갈 수 없다.

(7) 부주의로 인한 실패

부주의나 실패는 누구에게나 있는 일이지만, 그 실패를 자각하지 못한다. 완전한 인간은 없다는 것을 생각하면 실패한다는 것은 당연히 있을 수 있는 일이지만, 실패가 너무나 많고, 병적인 때는 주의를 주어도 모르는 채하고 변함이 없다. 실패의 이면에는 불만 · 무관심이 깔려 있고, 실패하고도 변명을 하거나 역으로 반론을 하거나 실패를 타인의 탓으로 돌리거나, 실패를 인정하면서도 처음 설명이 불충분했기 때문에, 또는 몰라서 물었는데도 상사가 대답해주지 않았다고 이유를 달 때도 있다. 이러한 짓은 전문적으로는 마음의 합리화가 나타난 것이며, 일종의 방위 반응으로 해석된다. 여기 합리화라는 방위 반응에 대해서는 뒤에 나온다.

(8) 고립

고립은 행동의 면에서 말하면, 공포에서의 피해 망상 환자에서 볼 수 있는, 사람을 피해 자기 방에 숨어 버리는 것과 비슷하게 나타나지만, 그것과는 다르다. 사람과 융합이 되지 않는다든지, 설령 싫은 사람일지라도 일을 하는 데는 같이 어울리는 것이 필요한데, 그렇지 못하고 나 홀로가 되는 것이다. 원래 융합이 잘 안 되는 사람이 있기는 하지만, 어느 시기부터 고립화되기 시작하는 것이 문제다. 융합이 안 된다는 감정에 대해서 자기 편에서는, 무관심의 경우도 있지만, 그렇지 않고 사실은 융합되고 싶지만 그것이 안 되고, 그걸로 괴로우면 고립화에 박차가 가해진다.

모 외국계 회사에 근무한 지 15년인 40대로, 지사장은 외국인이고 그는 차석이다. 그의 밑에는 3인의 젊은이가 있고 나머지는 여직원이다. 지사장은 자꾸 바꾸어지지만 그는 언제나 차석이다. 지사장은 명령만 그에게

내리고 일은 않는다. 그러면서 그에게 잘못한 점만 추궁한다. 그럴 때면 상의할 직원도 없다. 그렇지만 그의 성격상의 집착심과 책임감으로 열심히 했다.

그렇게 되니 그는 고독에 빠졌고 일은 과중했다. 자연히 스트레스가 쌓였다. 그 무렵부터 그는 일이 끝나면 스트레스 발산이라는 명분으로 술집을 찾게 되었다. 그의 주량은 점점 많아져서 두 집~세 집, 회사에서는 고립된 입장이지만 술을 마시고 있으면 그렇지는 않다. 일시적으로 고독과 일을 잊을 수 있었다.

집에는 늦게 들어가고, 취했지만 지하철을 타고 무사히 돌아갔다. 그런데 다음날 아침에는 기억이 나지 않는다. 필름이 끊긴 것이다. 어디서 마셨고 얼마나 술값을 지불했는지 모른다. 그러면서 회사의 비밀을 말하지나 안했는지, 누구와 다투지나 안했는지 하고 마음을 쓰게 되었다. 기억을 못한다는 것을 자각하면 더욱 마음이 그에 쏠리면서 죄악감을 느끼고 거기에 대한 악순환이 일어난다. 거기서 돈을 주었는지, 모슨 일은 없었는지 하고 불안과 후회가 아침의 머리 속을 점령해 간다.

부인으로부터는 공격을 받는다. 비틀거리며 늦게 들

어왔다는 것이다. 그러면 또 마음에 칼을 찌른 것 같다. 이중 펀치에 시달리다 일을 마치면 그러한 스트레스를 지우기 위해 또다시 술집을 찾아 확인을 하는데, 돈을 안 준 일도 없고 실수도 없었다. 이런 말을 들으면 가슴이 후련하게 안심이 되는데, 때로는 전날 들리지도 안했던 술집에 가서 주인을 웃기게 하는 일도 있다. 마음이 후련해지고는 거기서 또 한잔 하고, 이렇게 시작되면 다음 다음으로 두세 집을 거친다. 이것이 알코올 의존증의 특징이다.

그러고선 제1 증상은 술을 많은 양 마시고 나면 기억이 없다. 기억에 구멍이 뚫린다. 제2 증상은 술이 깨었을 때 불안 감정과 초조감의 습격을 받는다. 이 초조감을 날리기 위해 퇴근하면 또 마시게 되고, 집에 가면 부인의 질책이 있고, 매일의 생활이 그러한 연속이 된다. 제3의 증상은, 근무중에는 초조감을 억제하는데, 해방이 되면 억제할 때의 피로를 발산하려고 한다. 이것이 스트레스 반응의 제3의 파탄이다. 평소에 점잔한 사람이 감정을 폭발시키기도 한다. 그의 경우 어느 날 직장 여성들에게 폭언을 해서 뒤에 지사장의 귀에 들어가 질책을 받은 일이 있다. 그의 고립감은 더욱 날개를 달았다. 그는 결국 코너에 몰리자 회사를 그만둘까 하면서 병원을 찾았다.

(9) 언행의 변화

언행이 달라져서 그날 그때의 자기 기분대로 행동해 버리는 경우다. 원래의 성격에 기인하는 경우가 많지만, 불만 · 공포 · 초조감이 강하면 특히 그것이 표면화된다. 여기서는 이렇게 말하고 저기서는 저렇게 말하는 등 언동에 표리가 나타나는 경우다. 좋아하고 싫어하고가 극단적으로 변하고, 어떤 때는 기분이 좋고 다른 때는 나쁘고, 스스로 감정을 조절할 힘이 모자란 경우라 할 것이다.

그래서 싫은 것은 되도록 피하고 좋아하는 일만 하는 행동이 타인에 대한 기분으로도 나타난다. 즉 동료나 부하에 대한 좋아하고 싫어하고가 그것이다. 둔갑하는 날씨와도 같다. 따라서 대인 관계에 마찰이 일기 쉽고, 타인이 차차 싫어하게 된다. 그런데도 본인의 자각이 없다면 요주의다. 알코올 의존증 · 히스테리 · 각성제 중독에 빠지면 이 경향은 더욱 노골화된다.

(10) 과도의 양기

우울과는 반대로 기분이 높이 드러난 상태가 양기陽氣다. 원래 명랑 · 쾌할 · 낙천가나 사교社交가 좋은 사람의 기분은 양기에 있는 것인데, 이것이 과도하게 되면 주위의 협조가 없어지게 된다. 양기인 사람은 활동적이고 머리도 밝아 창조적 구상이 능하다는 장점이 있으나, 과도하게 되면 그때뿐의 함부로 휘두르는, 뼈대 없는 구상이라는 감을 주는 경우가 많다. 구상이 무너져서 일이 안 된다.

그 증상은 갑자기 말이 많아지고, 불필요한 전화를 걸고, 타인에게 과도한 간섭을 하면서도 태연하다. 위대한 체하며 안하 무인격인 태도, 과도한 감정 표현 따위가 나타난다. 복장이나 화장이 갑자기 화려해지는가 하면 조잡하고, 돈 씀씀이가 거칠고 때로는 물심 양면으로 공수표를 난발한다. 이 심리 상태는 술이 거나하게 취했을 때와 같아서 탈선 행위가 눈에 띄는데, 본인은 의식하지 않고 있다. 그래서 주의를 주면 갑자기 성을 내고 불쾌해진다. 침착 · 냉정 · 신중함이 없으므로 질서 있는 일정한 행동하기가 어려워진다. 멧돼지처럼 앞뒤를 헤아리지 않고 돌진하는 식이므로 주의를 요한다.

어느 약국 주인이 입원을 했는데, 간호사가 당직중에 잠자고 있는 의사를 급히 불러 갔다.

"선생! 잘 와 주셨어요."

"이렇게 늦게 무슨 일이지요? 나는 잠을 자야 해요."

"무슨, 늦었다고요? 의사지요, 당신은?"

하고 태연히 큰소리로 잘도 떠들었다. 의사는 오는 잠을 깨고 그의 말에 귀를 기울였다.

"내가 지금까지 머리가 잘 안 돌아갔는데, 약을 잘 써 주어서 여기까지 치료해 준 것이 선생이요."

유쾌한 목소리로 이야기는 계속된다.

"이런 약을 발견한 선생이니까, 그 약을 만들지 않겠어요? 연구비는 얼마든지 내가 낼 것이요."

그렇게 지껄인다. 양기가 되면 이렇게 과장되게 떠든다. 사실은 의사가 약을 만들었다는 건 그의 독단인데

"선생이면 반드시 될 것이야. 박봉인 이런 보잘것없는 병원에 근무하는 것보다 약으로 돈을 법시다요. 다만 이익금은 반반 나누기요."

의사는 병적인 것을 알고 있으므로

"알았어요, 알았어요, 나는 그런 능력이 없어요"

하면

“그러면 안 되요, 그래가지고 정신과 의사여요? 돈 버는 편이 좋아요”
하고 서슴없이 말한다.
“밤이 늦어서 자겠소”
하고 빠져 나와 의사는 잠자리에 든다. 조금 있다가 또 간호사를 시켜 잠을 깨운다. 그뿐인가, 그 간호사를 붙들고 내 조교가 되어라, 내 2호가 되어라는 등 말한다.

이상 말한 10가지 점은 마음의 스트레스 반응이라 할 수 있는데, 이 마음의 스트레스 반응이 마음의 실체가 되어 버린다. 지금까지 말한 반응은 어느 경우는 정상 범위 안에 머물지만, 심하면 신경증적 · 정신병적이고, 더욱 발전하면 신경증이나 정신병까지도 간다. 이상은 히라이平井의 연구임을 밝혀 둔다.

5. 스트레스에 대한 방위 대책

현대를 살다 보면 앞에서 말한 바와 같은 가지가지의 스트레스가 사람을 괴롭히고 있으며, 특히 대도시에서 살고 있는 사람들의 태반은 마음에 경보 반응이 나와 있으리라고 생각된다. 동시에 이것이 방위기까지 가지 않도록 여러 가지 대책이 연구 시행되고 있기도 할 것이다. 그 중에는 이미 방위기에 있다든지 심하면 피폐기까지 가 있는지도 모른다.

이러한 스트레스의 방위 대책을 연구하여 평소에 실천하도록 노력하는 것이 중요한데, 거기에는 다음과 같은 여러 방법이 있다고 본다.

(1) 좌선법

마음을 통일하여 안정시키는 것이 마음의 피로를 풀게 하는 지름길이다. 마음을 통일시키는 데는 좌선坐禪이라는 최선의 방법이 있다. 다음에 소개하는 다카다高田도 히라이平井도 좌선을 다년간 연구한 결과를 가지고, 마음의 건강을 위한 실천법으로 권장하고 있다. 스님들은 참선參禪을 하고 있는데, 거기까지 가지 않더라도 보통의 좌선으로도 충분하다는 것이다. 나는 다년간 참선을 해 왔다. 그 진수를 여기에 소개한다.

① 좌선시의 신체적 변화와 좌선 효과

좌선중에는 단전丹田 호흡을 하기 때문에 저절로 다음과 같은 신체적 변화가 생긴다.

- ○ 혈액 중의 산소 농도가 증가한다. 좌선중에는 모든 기관 활동이 미약해지므로 산소 소비가 감소되고, 그래서 산소가 풍부해서 호흡이 안정이 되고, 따라서 가늘고 길게 숨쉬는 것이 가능해진다. 산소가 풍부해지므로 산소는 모든 조직 · 장기의 활동에 공헌하고, 심장병이 예방되며 혈관이 젊어진다.

○ 산성 피가 알칼리성으로 변한다. 혈액이 산성일 적에 성인병이 유발된다고 한다. 또 혈액 중의 전기량이 최대치가 된다. 이로써 세포가 활성화된다. 이러한 피의 흐름을 기氣라 부르고 있다.

○ 노화 방지를 일으킨다. 노화란 60조에 달하는 세포가 기능 저하를 일으켜서, 사망 속도는 커지고 보충 속도는 덜해서 언밸런스가 생기기 때문이며, 스트레스는 특히 사망 속도를 촉진시킨다. 그런데 식물 인간은 노화가 일어나지 않고, 동면하는 동물도 이와 비슷하다. 좌선 중에는 식물 인간과 비슷하므로 노화가 안 된다.

○ 좌선을 하고 있으면 β－엔도르핀과 T－임파구를 강화 촉진시킨다고 한다. β－엔도르핀은 스트레스를 해소하고 자율 신경의 균형을 취해 준다. T－임파구는 건강에 매우 유용하다. 또 좌선 중에는 암 세포 공격에 가장 효과적인 내추럴 킬러 호르몬이 분비된다.

○ 뇌파腦波가 α파로 형성된다. 그래서 정신 통일이 되고 부동심不動心·무심無心·무념 무상無念無想으로 된다. 따라서 기억과 이해 또는 염원念願의 가

장 효과적인 조건에 달한다. 그래가지고 가장 양질의 직관直觀이 떠오른다. 영감靈感 · 창조력도 길러진다.

이상과 같으므로 신체에 미치는 효과는

○ 생명 인자因子를 증대시키고 따라서 장수한다. 옛날 참선에 열중했던 스님들은 장수한 것으로 알려졌다. 단전 호흡에서와 같이 호흡 시간이 길수록 장수한다고 한다. 빨리 움직일수록 단명하고 천천히 움직일수록 장수한다. 하루살이는 빨리 움직이기 때문에 그 수명은 4~24시간이다. 그래도 하루살이에게 물으면 자식 낳고 손자까지 보고 간단다. 올림픽 선수들은 장수하지 못한다는 설이 있고, 거북이는 천천히 움직이므로 오래 산다.

○ 성인병이 예방된다.

○ 깨끗한 세포가 탄생되기 때문에 암이 예방된다.

○ 노이로제 같은 정신적 불안이나 초조, 스트레스가 해소되고, 또 이런 것들이 원인이 되어 생기는 위장병 · 심장병 · 고혈압 등에 유익하다.

○ 감기 같은 것은 좀처럼 걸리지 않는다.

○ 피로 회복이 된다. 전날 과음을 했더라도 아침에 좌선을 하고 나면 개운해진다.

실제 치료 효과를 말해 보면

○ 고혈압－좌선을 하면 혈관에 탄력성을 주게 되어 혈관의 노화를 방지한다. 따라서 혈압이 떨어지는 점도 있지만 혈관에 탄력성을 주게 되는 점이 중요시되는 것이며, 뇌졸중 같은 것은 방지되고, 협심증도 이렇게 해서 예방된다. 혈관에 탄력성이 생기면 동맥 경화가 예방된다.

○ 위장병－위장병 하면 신경성이 대부분이다. 신경성 위장병은 위장의 자율 신경이 교란되어 위액이 나오지 않는다. 자율 신경의 교란은 위궤양으로 되고 암으로 발전하기도 한다. 그런데 이 자율 신경이 단전 호흡으로 조절된다는 것이다.

○ 암 대책－암은 산소 부족이 원인이라고 한다. 그런데 좌선시 단전 호흡을 하면 혈액이 조정된다. 혈액 중의 산소 농도가 증가한다고 했었다.

이상으로 3대 성인병인 고혈압·협심증·암이 해결된다고 볼 수 있다.

○ 앞에서와 같이 노이로제 같은 신경증이 없어진다.
○ 당뇨병－인슐린을 필요량만 분비한다.
○ 간장을 강화하고 신장을 튼튼히 한다.
○ 폐를 튼튼히 한다. 영양 혈류가 생기고 가스가 교환된다. 가벼운 천식 정도는 치료된다.
○ 변비가 해결된다.
○ 피부가 탄력이 생기고 여자들은 화장이 잘 받는다.
○ 돼지 고기를 먹고 두드러기가 심하게 생겼는데, 단전 호흡을 했더니 곧 깨끗이 없어지고 흔적도 남지 않았다. 참 신기한 일이었다.

이상은 육체적 효과인데 정신적으로는

○ 직감 · 영감이 떠오른다. 창조력이나 기억력이 향상되고 좋은 아이디어가 떠오른다. 평소에 안 풀리던 수학 문제도 해결된다.
　또 능률적인 생각을 하게 되고 정신 통일로 집중력이 향상된다. 머리가 좋고 나쁘고는 집중력에 좌우된다고 한다.
○ 지능이 발달하여 학습 능력이 향상된다. 따라서 좌선을 하면 긴 시간 공부할 필요가 없다.
○ 회사원은 일에 대한 만족감이 생기고 상사와의 관

계나 동료와의 사이도 개선된다.

○ 불안감이나 공포감이 사라지고 우울증에도 좋다. 몸과 마음이 항상 평화롭다.

○ 의지가 강하게 된다. 따라서 마음도 부동하게 된다.

○ 자율 신경 기능이 활성화되고 잠재 능력이 향상되며 인격 완성에 도움이 된다.

○ 지혜가 열리고 인생이 항상 즐거울 뿐 아니라, 모든 일이 원하는 대로 잘 되어가므로 언제나 싱글벙글하면서 재미 있게 살게 된다.

○ 좌선으로 솟아나는 지혜를 활용하면 돈도 얼마든지 벌 수 있다. 그러나 세상의 돈을 내가 가지고 있으면 다른 사람이 쓸 수가 없기 때문에 안 벌고 보고만 있는 것이다.

② 조신법(자세)

조신법調身法은 좌선시에 몸 자세를 취하는 것이다.

ㄱ. 방석 위에 앉아, 또 하나의 방석을 두 겹으로 접어 엉덩이 밑에 깔고, 다리는 결가부좌結跏趺坐 또는 반半가부좌로 한다. 결가부좌란 오른 다리를 왼 다리 허벅지 위에 올리고 왼 다리를 오른 다리 위에 올려 놓는

것을 말하고, 반가부좌란 오른 발 뒤꿈치를 사타구니 사이에 되도록 깊숙이 집어 넣고 왼 다리를 오른 다리 위에 올려 놓는 자세를 말한다.

이 자세는 심신이 가장 안정되고 뇌가 활성화된다. 이 자세로 앉아 엉덩이를 다시 들어 위 방석을 더욱 밀어 넣어야 한다.

이 때에 양 무릎은 바닥에 닿아야 하고, 양 무릎 끝과 척추골 끝 원숭이 꼬리뼈가 정3각형을 이루며, 이것을 밑으로 하고 머리끝을 꼭대기로 한 3각뿔 중심重心에 몸의 중심重心인 단전이 있어야 한다.

이 자세는 상당히 중요해서, 이 때에 피라미드 파워가 형성이 된다. 피라미드의 중심에서는 신기한 일이 벌어진다. 이집트의 피라미드에서는 5천 년 전의 왕의 시체가 미라mirra로 남아 있다.

ㄴ. 엉덩이는 충분히 뒤로 빼고, 배꼽은 앞으로 내밀고, 명치끝은 오므린다. 목은 바로 세워 쭉 뻗어, 상투가 있다고 가정할 적에 상투 끝이 천장에 매달려 있다고 생각한다.

ㄷ. 오른손 손바닥 위에 왼손 등을 올리고, 엄지손가락을 맞댄다. 이 때에 손 모습이 예쁘게 되어야 하며,

되도록 배쪽으로 끌어당긴다. 이것을 법계정인法界定印이라 하는데, 손 모습은 마음을 판단하는 척도로 삼을 수 있다. 졸리거나 잡념에 사로잡혀 있으면 손 모습이 흐트러진다. 그럴 적에 절에서는 경책警策(납작한 막대기)이 와서 여지없이 후려갈긴다.

아마추어의 손 모습은 이렇게 되어야 하지만, 프로가 되면 손 모습이 중요한 것이 아니다. 예컨대 왼 손 위에 오른 손을 놓아도 된다.

ㄹ. 귀가 어깨에 내려 떨어지고, 가슴과 양 어깨의 힘을 빼고, 허리는 쭉 세운다. 다만 힘을 주면 안 된다. 코와 배꼽은 상하 일직선이 되게 하고 코 끝이 단전에 떨어진다. 턱을 끌어당긴다.

ㅁ. 입은 자연스럽게 다물고, 상하 이빨은 가볍게 맞대고, 혀 끝은 입 천장 깊숙이 댄다. 혀 밑에서 소화타액이 분비되는데, 이 침은 노화를 방지하는 회춘回春호르몬이다. 장생 불사長生不死에 요긴한 것이다. 고이면 조용히 호흡과 같이 마신다.

ㅂ. 눈은 반안半眼으로 한다. 너무 부릅뜨면 마음이 산란해지고, 긴장이 감돌며, 주위에 신경을 쓰게 된다. 그렇다고 감으면 졸음이 온다. 혼침昏沈에 떨어지면 안 된다.

고요하면서 정신이 깨끗해야 한다. 또한 감으면 마경魔境에 빠져 기분이 좋아져서 깨침으로 착각하기도 한다. 부처님의 눈은 반안으로, 외적 세계에는 관심이 없고, 내적 세계에만 잠겨 있으며, 이것이 수련 자세인 것이다.

ㅅ. 다음은 몸의 균형을 취하는 차례다. 상체를 좌우 전후로 3회 정도 흔들어 멈춘다. 그리고 편안한 자세를 취한다.

ㅇ. 자세를 바르게 하는 것은 중요한 일이다. 자세의 안정은 자율 신경의 안정을 가져 오고, 자율 신경의 안정은 정신의 안정을 가져 오게 한다.

③ 조식법(호흡)

조식법調息法은 숨쉬는 방법을 말한 것이다.

ㄱ. 단전은 배꼽 밑 약 4cm 위치에 있다. 선禪에서는 이 단전에서 숨을 쉬게 된다. 이 때의 숨은 자기 마음이다. 호흡과 마음이 일치된다.

ㄴ. 먼저 예비 호흡을 해서 배 속의 공기를 전부 뱉고 가뜩 들이마시고 하는 동작을 적어도 3회 이상 한다.

ㄷ. 평상시의 호흡은 1분에 18회 정도, 그러니까 1회의 호흡은 3~4초 걸리지만, 좌선에서는 되도록 길게 뺀

다. 선승禪僧들은 1분에 1~2회 정도 한다. 나의 보기를 들면 1회 24초짜리가 있어서 그러면 100회에 딱 40분, 1회 30초짜리로 하면 80회에 딱 40분 걸리게 된다.

ㄹ. 좌선을 처음 시작한 초보자는 숨을 3초 동안 마시고, 멈추지 말고 3초 이상에 걸쳐 내쉰다. 마시고 나서 호흡을 멈추어 쉬고 있으면 그때에 마셔진 공기의 압력은 흉압胸壓을 가하고, 이는 다시 뇌압腦壓을 가하게 된다. 그러면 뇌졸중腦卒中을 일으킬 수 있다.

그렇게 얼마를 하다가 익숙해지면 마시고 나서 1~3초를 쉬고, 3초 이상에 걸쳐 내쉬는 동작으로 한다. 좌선을 오래 해서 바른 단전 호흡으로 횡격막橫隔膜이 단련이 된 다음에는 멈추어도 흉압은 안 걸린다.

그러니까 아마는 멈추지 말고 프로가 되면 멈춘다. 나의 경우 시작한 지 5년간은 멈추지 않았고, 그 후부터는 익숙해져서 2초 정도를 쉬었다. 익숙해지고 나니 흉압은 걸리지 않았다.

프로가 되어 멈추어도 흉압이 걸리지 않는다면 멈추는 것이 더 좋다. 이 때에 멈출수록 복압腹壓이 강하게 되고 좌선 효과는 커진다.

숨을 들이마실 적에는 조용히 단전부가 뿔록, 내쉴

적에는 조용히 단전부가 홀쭉, 이 동작이 되풀이된다. 이것을 반대로 하는 방법도 있다. 즉 마실 적에 홀쭉, 내쉴 적에 뽈록이 그것이다. 이렇게 하는 것이 더 편안한 이에게는 이 방법을 권장한다. 원칙적으로 말하면 앞 방법이다.

미세 유장微細柔長이라 해서 조용하고 천천히 가늘고 길게, 코 끝에 가는 새털이 있을 적에 움직이지 않을 정도로 한다. 이 때에 호흡은 자연스럽고 잔잔해야 된다. 무리를 하면 가슴이 답답해지고 골이 아프다. 또 호흡하는 간격이 일정해야 한다. 회수 즉 걸리는 시간은 탓하지 않는다. 조용한 호흡은 마음을 안정시키고 (조심調心), 마음의 안정은 호흡을 더욱 안정시킨다. 이렇게 되면 스트레스 같은 것은 해소된다.

ㅁ. 생각은 단전에 집중된다. 숨은 폐에서 쉬지만 기분으로(거짓으로) 단전까지 마신다. 이 때 80%만 마시고 내쉬어야 한다. 그 이상 욕심을 내서는 안 된다.

ㅂ. 이와 같이 계속하고 있으면 몸과 마음의 안정이 깊어진다. 그러면 저절로 몸이 편안해지고 정신이 상쾌해져서 판단력이 분명하고, 마치 용龍이 물을 얻은 듯이 신선한 생명력이 솟아오른다. 이 극치는 어머니 배 속

에 있는 아이의 태식胎息이라 한다.

ㅅ. 육체적 정신적 피로가 가시고, 몸이 가벼워지고 정신이 안정 된다. 이 때의 하복부의 압력은 피의 순환을 촉진하고 노폐물을 내쫓는다. 탄산가스를 내보내고 영양 피를 공급한다.

ㅇ. 도가道家에서의 장생 불사長生不死는 이렇게 해서 이루어졌다. 현대에 와서 태권도 · 유도 · 검도 · 씨름 · 야구 · 탁구 · 정치가 · 프로 바둑 등은 단전 호흡 없이 이루어질 수 없다.

ㅈ. 이 선법禪法은 어디서나 응용되며, 보기를 들어 몸이 불편할 적에는 누워서 하는 방법도 있다. 이 때는 3~4cm 두께의 책을 단전부에 놓으면 상하 운동을 하게 된다. 또 바쁠 때는 차 안이나 기타 어디서라도 행할 수 있다. 익숙해지면 그렇다.

ㅊ. 단전 호흡을 꼭 해야만 되는가 의문이 생긴다. 그 대답은 매우 유익하다는 것이다. 혈액 순환이 잘 되고, 노폐물 찌꺼기를 내보내고, 피로가 회복되고 몸이 가벼워진다. 따라서 정신이 맑아진다. 도가에서는 목적이 다른 장생 불사를 위해 이 단전 호흡을 해 왔다.

ㅋ. 잘못하면 가슴이 답답해지고 골이 아프다. 이렇

게 되면 약을 먹어도 낫지 않는다고 한다. 가슴이 답답하거나 골이 아픈 것은 자세가 잘못되었거나, 주로 호흡을 잘못하고 있기 때문이다.

초보자는 10 중 8~9 가슴이 답답해질 것이다. 공기는 단전까지 내려갈 수 없다. 그런데 억지로 내려 보내려고 하기 때문에 가슴이 답답해질 수밖에 없다. 따라서 자연스럽게 단전만 뽈록 · 홀쭉하게 하지, 숨을 단전까지 밀어 넣으려 하지 말아야 한다. 만일 가슴이 답답해지면 무엇인가 잘못되어 있으니 즉시 중지하고 다시 지도를 받아야 한다. 또 한 가지 원인은 너무나 빵빵하게 마시려 하기 때문인데, 80%만 자연스럽게 마시고 내쉬는 것을 잊어서는 안 된다.

무리를 않으면 기분이 좋고, 단전에 생각을 모으면 기운氣運이 단전으로 내려간다. 상기병上氣病은 몸 기운이 머리 위로 올라가서 생긴 병이다. 단전 호흡으로 예방이 가능하다.

ㅌ. 시간은 차츰 늘려야 한다. 처음부터 길게 하려고 하면 큰일이 난다. 가슴이 답답해지고 생병이 생긴다. 3초에 마시고 3초 정도에 뱉는 것으로 참아야 한다.

ㅍ. 단전 호흡은 우리의 생활에서 모르는 가운데 이

루어지고 있기도 한다.

○ 아기가 울 때

○ 배꼽을 쥐고 웃을 때

○ 걸음을 걸을 때

○ 운동 선수가 호흡 조절을 할 때

④ 조심법(마음 다스리기)

조심법調心法은 생각을 한 데 모아 마음을 다스리는 방법이다.

ㄱ. 좌선을 하려고 앉으면 잡념이 번뇌 망상으로 솟아오른다. 스트레스를 해소하려고 앉았지만, 그 일이 아무리 잊으려 해도 떠오른다. 솟아오르는 잡념을 어떻게 할 것인가가 문제다. 그래서 마음 다스리기가 필요한 것이다.

이 때 잡념·번뇌 망상이 일어나는 것은 당연하다. 방 안의 공기 중에 먼지가 있는가 없는가? 없는 것 같지만 물론 많이 있다. 밝은 햇빛이 들어오면 먼지 투성이가 잘 보인다. 그와 같이, 좌선을 하여 광명光明을 들이대서 마음이 맑아질수록 잡념은 더욱 잘 나타나는 것이 당연하다. 이럴 경우 여기에 신경을 쓰지 말고 그대로 두고 계속하면 된다.

그러면서 수식관數息觀이라는 것이 있다. 숨을 내쉬면서 하나, 또 내쉬면서 둘 하고 세어 가서, 열까지 세면 아홉, 여덟 하고 다시 내려온다. 이같이 틀리지 않게 잘 하면 다음 20까지……, 또 나아가 100까지 센다. 가다가 만일 틀리면 다시 하면 된다. 수식관이 안정이 된 사람은 시작한 지 30분 후부터는 세지 않아도 된다.

수식관隨息觀이라는 것이 또 있다. 수數를 세는 노력(의식)을 버리고, 숨 가운데 몸과 마음을 맡겨 버린다. 이와 같이 하면 무념 무상無念無想이 되어 잡념은 없어지고 α파波의 상태가 된다. 생각하는 것도 생각하지 않은 것도 아닌 비사량非思量 · 삼매三昧 · 무심정無心定 · 멸진정滅盡定 · 방하착放下着 등은 이 상태가 깊어진 경우를 두고 하는 말이며, 이 때에 제8식인 잠재 의식潛在意識이 최고로 발로된다.

ㄴ. 스님들의 참선參禪에서는 마음속에다 의심 뭉치인 화두話頭라는 것을 든다. 깨침에의 지름길을 가기 위해서다. 화두의 화話는 말씀(의미 없는)이며, 두頭는 어조사語助辭(한문의 토, 뜻 없음)다. 보기를 들어 '이뭐꼬' '무無' '뜰 아래 잣나무(정전 백수자庭前柏樹子)' '달마達磨가

인도에서 중국에 온 뜻은' 하고 참구參究해 들어간다.

화두를 드는 뜻은 무엇인가 하면 보호를 받을 수 있고, 내용이 없기 때문에 상념想念이 안 생긴다. 뜻이 없는 말을 아무리 생각하고 있어도 뜻이 생길 리가 없다. 가령 밤에 무서울 적에 길을 가는데 노래를 부르면 무서운 정을 보호 받을 수 있다. 이와 같이 화두를 들면 잡념이 생기지 않도록 보호 받으면서, 화두 자체는 뜻이 없기 때문에 화두로부터의 잡념도 일지 않는다. 이렇게 해서 차츰 무념 무상으로 가는 것이다.

ㄷ. '이뭐꼬'란 경상도 말 '이것이 무엇인고'를 줄인 것이다. 숨을 내쉴 적에 '이뭐꼬' 하면 그 여운餘韻이 남는다. 일어나는 한 생각 돌이켜 '이뭐꼬', 바보처럼 '이뭐꼬', 코가 없으면 똥을 된장으로 알 정도로 바보처럼 '이뭐꼬', 영리한 것 책에서 본 것 다 잊어버리고 '이뭐꼬', 잠잘 때나 화장실에 갈 때나 '이뭐꼬' 한다. 이렇게 하고 있으면 결국에는 깨쳐서 자신 속의 부처를 보게 된다. 마음 · 참나 · 성품性品 자리 · 주인공 · 본래 면목 · 진여眞如 · 법성法性 · 불성佛性을 보게 된다.

수영을 배울 적에 이론적으로 따져 들어가 보아도 아무리 해도 수영을 익힐 수 없다. 그러나 물 속에 무조건

던져 두면 언젠가는 스스로 영법泳法을 익히고 만다. '이뭐꼬'도 이와 같다.

ㄹ. 슬플 적에나 성날 적에나 괴로울 적에 그리고 기분 나쁠 적에 '이뭐꼬' 하면 마음이 안정이 된다. 스트레스도 해소된다. 신경질적인 사람 · 경솔한 사람은 '이뭐꼬' 하면 사람이 변해 버린다. 그러면서 안정이 된다. 결국 기쁜 마음으로 나날의 생활을 하게 된다.

⑤ 좌선에서의 주의 사항

○ 조용한 장소를 택한다. 겨울에는 훈훈한 곳, 여름에는 시원한 곳에서 한다.

○ 단전 호흡을 하고, 일정 시간 동안 좌정坐定을 하므로 배 속 단속을 해야 한다. 소화가 잘 된 것을 먹고, 포식하지 않도록 해야 할 것이며, 식사 직후 최소한 30분 동안은 피해야 한다. 복통이나 설사 · 변비가 났을 때는 피한다. 소변을 마쳐야 하고 음주는 않는다.

○ 초심자는 수면을 적당히 취해야 하고, 적어도 6시간은 필요하다. 그러나 차차 경험을 쌓아서 철야 정진 따위에서는 예외가 된다.

○ 복장을 편안하게 하고, 혁대는 느슨하고, 안경과 양말을 벗고, 딱 죄는 팬티 같은 것은 금물이다. 금속물은 몸에서 제거하고, 냉장고나 에어컨 등이 있는 곳에서 떨어져 행해야 한다(전자파).

○ 좌선 전에 호흡이 거칠어지는 행동은 피한다. 목·허리 따위의 간단한 운동은 무방하다.

○ 좌선이 끝나고 방선放禪할 때는 손·눈·얼굴·귀 언저리·목 따위를 마사지하고(이 때 정전기는 매우 유익함), 발·다리는 마사지하고 주물러서 마비를 풀어 피를 통하게 하고, 다리를 회복해서 일어나야 한다. 급히 일어나려 하면 다리가 말을 듣지 않는다. 그런 다음 팔과 목의 가벼운 운동을 하다. 그리고 몸을 급히 식히는 일은 삼가한다.

○ 2시 30분~4시 30분 사이는 피하는 것이 좋다고 한다. 이 시간대帶는 생체生體 리듬이 가장 낮은 때로, 사람의 약 60%는 이 시간대에 죽는다고 한다.

○ 좌선 시간은 초보자는 15~20분간, 차츰 시간을 늘려 가서 일반인은 40분 정도면 족하다. 더 이상 오래 하려면 30~40분 하다가 10분 정도 휴식을 취해야 한다.

(2) 다카다의 방법

일본의 생리학자 다카다高田는 스트레스 해소법을 제시했는데, 여기서는 거기에 살을 보태서 소개한다.

① 운동

신체를 움직이는 것은 유익하다. 하다못해 목운동만 해도 뇌에게는 좋다. 나는 국민 체조도 보건 체조도 모르기 때문에 내 나름대로 개발한 체조를 매일 아침에 반드시 하고 있다. 목운동은 수시로도 한다.

운동을 하면 혈류血流가 좋아진다. 운동을 하면서 목운동이 되면 목 근육이 부드러워지면서 뇌로 가는 피가 많아진다. 단층 촬영을 하면 뇌의 어느 부위에 피가 많이 흐르는지 잘 알 수 있는데, 예컨대 암산暗算을 시키고 있으면 뇌 전두엽前頭葉의 혈류가 증가한다. 또 말을 하고 있으면 그 계통의 혈류가 증가한다. 그런 식으로 운동을 하고 있으면 뇌 혈류가 증가하고 있다. 그래서 운동을 하는데, 예컨대 오른손을 쥐면 왼쪽 대뇌의 그 계통에 상당하는 혈류가 증가한다. 재미나는 것은 손을 쥔다는 것을 생각만 해도 혈류가 증가한다는 사실이다.

이와 같이 우리의 뇌는 운동시 주로 사용되고 있는

부분에 해당하는 뇌 혈류가 증가하는 작용을 하므로, 신체를 움직이는 것은 뇌 혈류를 증가시켜 두뇌 작용을 활성화시키고 있다. 노인성 치매에 걸리면 혈류 저하가 뚜렷해진다. 그러니까 뇌가 정상적으로 작동되기 위해서는 혈류가 정상화되어 있어야 하는데, 그를 위해서는 운동이 필요하며, 운동에 의해 뇌의 사고를 정상화시키는 것이 마음의 피로 회복에 효과가 있게 된다. 모든 운동이 다 좋겠지만 그 중에서도 쉽게 할 수 있는 운동은 걷기다.

걷기는 누구나가 좋은 운동으로 추천하고 있는데, 심폐 기능을 향상시키고 유연성을 좋게 하는 것으로 널리 알려져 있다. 특히 다른 운동을 하기 어려운 노인에게는 하기 쉬우면서 방위 행위 역할이 되고 있다. 걷기를 하고 있으면 기분이 좋아지면서 정신이 안정되고 자신과의 대화가 된다. 잠든 뇌를 깨우는 효과가 있어 창의력이 향상되기 때문에 머리가 복잡하거나 어려운 문제가 있으면 무작정 운동화를 신고 걸으면 된다. 확실히 일의 능률이 오른다.

우울증의 치료에는 운동이 효과적인 것으로 밝혀져 있는데, 운동 중에서도 가장 쉽게 실천할 수 있는 걷기는 체내 엔도르핀의 분비를 크게 증가시켜 기분을 좋게 만들어 준다. 병원에서 우울증이나 강박 신경증인 자에게 내리는 처방은 일주일에 5일간 하루 30분씩 빠른 속도로 걷는 것이다. 4주 후에는 반드시 효과가 나타난다고 한다.

현대인들은 스트레스와 함께 살고 있다. 많은 사람들은 콩알만한 스트레스를 받아도 해결의 실마리를 찾지 못하고 집채만큼 키워 가는 것이 상례인데, 걷다 보면 콩알은 어디까지나 콩알이고, 기분이 상쾌해지면 스트레스를 해소할 만한 힘이 솟아나면서 마음을 잡을 수 있게 된다.

걷는다는 행위는 다양한 기쁨을 맛보게 하며, 마음을 전환시킬 수 있다. 집 안에서는 파란 하늘과 밝은 세상을 느낄 수 없고, 주위에 핀 꽃을 보고 자신도 모르게 발걸음을 멈출 일도 없을 뿐더러, 나뭇잎을 흔드는 바람도 맛볼 수 없다. 걷기를 통해 얻는 다양한 체험이 우리의 지친 뇌를 기분 좋게 마사지해준다.

의학적으로는 심혈관 질환 · 고혈압 ·당뇨 ·골다공증 등 노인성 질환에 특효가 있기 때문에, 앞에서 걷기가 노인들의 방위 행위 역할을 하고 있다고 말한 바 있다.

그 외에도 걷기 운동은 콜레스테롤을 정상화시키고, 수면이 좋아지고, 면역력이 증가하면서 자주 감기에 들지 않고, 암에 걸릴 확률이 감소되며, 수명이 길어진다고 알려져 있다.

인간의 뇌는 복잡한 네트워크가 얽히고 설켜 제구실을 한다. 우리는 무의식적으로 걷고 있지만, 한 걸음을 내디딜 때마다 엄청난 정보가 다리 근육에서 신경을 통해 뇌에까지 도달한다. 두 발로 걷는 동안 다리와 뇌 사이에서는 복잡한 신호 교환이 쉴 새 없이 이루어지고 있는 것이다. 이 때 받아들이는 다양한 자극이 뇌를 활성화시키고 있는 것이다. 이렇게 걷는 동안 우리의 뇌는 끊임없이 움직인다. 바로 이 점이 뇌를 젊게 하고, 기분이 좋아지고, 창의력이 샘솟고, 마음을 전환시켜 스트레스가 해소되는 것이다.

바람직한 걷기의 방법

○ 편한 신발을 신는다. 발에 주는 부담을 분산 흡수해 쾌적한 걷기가 되도록 한다.

○ 몸 움직임에 있어서는 보폭을 보통보다 넓게 하는데, 발은 뒤꿈치부터 착지하고 발끝으로 차내는

식으로 걷는다. 팔을 크게 흔드는 것이 좋다.

○ 마음가짐에 있어서는 머리를 비우면서 마음을 활짝 열고, 즐거운 마음으로 대자연 속의 자신과 대화를 나누면 답답한 마음이 사라진다.

○ 걷는 속도는 건강인은 빠르게, 노인이나 환자는 천천히 걷되 4km 거리면 족하다. 즉 4km를 건강인은 30분, 노인은 1시간에 걸으면 적당하다. 너무 많이 걸으면 피가 산성으로 되므로 안 좋다.

○ 주의할 일은 새벽 2시 30분~ 4시 30분 사이는 피하는 것이 좋다. 이 시간대는 생체 리듬이 가장 낮은 때로 사람의 약 60%는 이 시간대에 죽었다고 한다. 한동안 조깅이 좋다고 법석대다가 이 말이 뜸해졌다. 세계적으로 유명한 조깅 일인자가 죽어 버렸기 때문인데, 사실은 이 자가 이 시간대에 조깅을 즐기다가 이런 변을 당한 것이라 한다.

하기야 내 생각에는 조깅을 해서 좋을 것이 없다. 생물의 수명은 움직이는 속도에 따라 다른데, 빨리 움직일수록 단명하고 천천히 움직일수록 장수한다. 하루살이는 빨리 움직이기 때문에 바로 죽고 거북이는 천천히 움직이기 때문에 오래 산다. 그러니 천천히 걷는 운동이 가장 좋다고 나는 생각한다. 올림픽 선수들이 장수하지 못함이 밝혀졌다는 말도 있다.

미국의 39대 대통령 J.카터가 재임시 일본을 방문했을 적에 조깅을 하는 것을 보고, 일본인들이 어리석음의 표본이라고 하면서 소립小粒이라고 평한 일이 있다. 사람이 작다는 말이다. 일본에까지 와서 조깅을 할 것이 뭐냐는 뜻이다. 그러한 열성을 다른 일에 쏟으라는 말이었다.

② 음악

음악을 즐길 일이다. 나는 어떤 때 스트레스를 해소시키거나 기분을 내려면 이미자 씨의 노래를 듣는다. 고복수 씨나 이미자 씨의 노래를 들으면 천상에 간 마음이 된다. 평소에도 가수들을 볼 때면 재미나는 생활속에서 늙지 않을 것으로 느끼고 있다.

옛날부터 피아니스트나 지휘자는 장수하며, 건강에 좋다고 알려져 있다. 예컨대 피아노를 치면 뇌와 손가락에서는 어떠한 현상이 일어나는가를 조사해본 결과를 보면 흥미롭다. 먼저 눈으로 악보를 읽는다. 이 정보는 대뇌의 시각 담당에 들어가는데, 이것은 다시 팔 · 손가락을 지배하는 운동 담당에 명령이 전해지고, 그 결과 운동의 지령이 뇌간腦幹 · 척수脊髓를 타고 드디어 팔 · 손가락까지 와서, 손가락의 근육을 적당한 강하기로 움직이게 한다. 그야말로 단시간에 뇌 전체를 사용한 운동이 된다.

피아니스트는 1초 동안에 12회 정도 건반을 친다고 하므로 손가락의 한 번 움직임은 0.0825초라는 계산이 되고, 또 뇌까지의 정보의 왕복만에 0.04초, 복잡한 뇌의 움직임은 0.05초 이내에 해치운다고 하며, 거기에 감정을 가하는 일까지 하므로 뇌의 활약이야말로 대단하다고 해야 할 것이다. 따라서 기분 전환에는 더 없는 좋은 방법이 되는 것이다. 어떻게 해서 기분 전환이 되느냐 하면 음악에 열중해 있는 동안은 뇌는 거기에 머슴살이 되어 있으므로 구차하게 고민한다든지, 보기 싫은 상사나 부하 직원을 생각해 낼 틈이 없기 때문이다.

어려운 피아노를 치는 것 따위는 놔 놓고, 노래방에 가서 떠들며 노래에 푹 빠지는 것도 피아노에 못지않는 효과가 있는 것이다. 노래를 해도 뇌의 연계 작동이 있으므로 충분히 기분 전환이 된다.

③ 술

다음은 술이다. 이것 역시 좋은 의미로 말해서 방위 대책이 된 것 같다. 그러나 술이라는 것은 역시 중독이 될 수 있으므로 방위 수단으로 술만에 의존한다는 것에는 문제가 있다. 알코올 의존증이라는 병이 있는데, 여성 중에도 번지고 있으니 문제다. 옛날부터 술은 백약의 으뜸이라 해서, 하루 3잔만 마시면 혈액 순환이 좋아지고, 좋은 콜레스테롤인 HDL이 증가해서 유리하고, 그 외 정신 안정화 작용에도 효과가 확실하다. 그러나 양이 많아지면 나쁜 콜레스테롤인 LDL로 변하고, 술 없이는 못 산다는, 심신이 같이 술을 요구하는 알코올 의존증이 된다. 그 정도가 심한 것이 알코올 중독이다.

현대인은 스트레스에 약하다고 하기보다 거기에 대한 약빠른 해소법을 찾고 있는데, 알코올 의존증의 증가가 그 정신 병리를 말해 주고 있다. 왜 그렇게 되었느냐 하면, 직장에서의 스트레스가 무거운데 퇴근 후에 해소시키는 가까운 길인 술이 기다리고 있기 때문이다.

술에 대한 평가를 해본다면, 술만큼 스트레스 해소에 효과가 좋은 것은 없다고 하는 점을 누구나가 인정하여 의견 일치를 보고 있는 것 같다.

사회 생활에서의 술은 약방의 감초다. 손님 접대에는 반드시 술이 빠질 수 없다. 술 접대는 손님 대접 행사의 일부로 되어 있다. 외교 교섭이나 기업의 접촉(상商 행위 등)에서 접대를 할 적에 가장 다루기 힘든 손님은 말수數가 적어서 입이 무거운 사람, 술을 안 하는 사람 그리고 주석酒席을 즐기지 않는 사람이라는 것이 알려져 있다. 어느 분의 말을 빌리면, 상商 매상賣上을 올리는 비결은 술을 안 하더라도 2차 · 3차까지 반드시 같이 다니라는 것이다. 대인 접촉에 술이 이렇게 보배처럼 된 것은 뒤에 나오는 마시고 난 다음의 작용 때문이다.

알코올 의존증이나 중독 문제, 알코올과 간경변肝硬變의 관계 등 술에 뒤따르는 어두운 이야기는 그 방면의 전문가인 의사에게 일단 맡겨 놓고, 여기서는 술과 뇌와의 상호 작용만을 생각키로 하자.

술을 마시면 억제하는 뇌 기능이 달아나 버린다. 이 작용은 장단점이 있다. 우선 장점으로는 억제가 안 되므로 스트레스를 지금까지는 참고 있다가, 술을 빌려서 발산을 하고 나면 가슴이 후련해지는 것이 술의 효과다. 술은 이렇게 뇌에 대해 좋은 효과가 있다. 억제를 해제시켜 해방감을 준다. 술의 작용은 우리가 평소에 억제하고 있던 감정을 터서 발산케 한다. 억제했던 것을 억제를 못하게 억제한다는 억제의 억제에 해당한다. 따라서 과음만 않고 적당히만 마시면 스트레스의 해소, 기분 전환에는 아주 좋은 것이 술이다. 그래서 술의 해방감을 이용해서 노래방에 가서 떠들며 흔들든지, 운동경기를 관전하면서 목이 터져라 하고 응원을 한다든지 하면 스트레스 해소에의 왕도王道라 할 것이다.

그런가 하면 한편으로는 단점이 있어, 억제하는 뇌기능이 달아나 버리면 제어制御가 잘 되지 않으므로 아무래도 감정적으로 되기 쉽다. 말이 많아져서 변호사 빰칠 정도 되면 다음 단계는 투쟁으로 돌입하기도 한다. 심하면 싸우게 된다. 만일 외교나 상행위에서 이에 가깝게 된다면 술 접대는 역의 효과로 변하게 된다.

그래서 술로 인해 실수를 하는 수도 있는데, 무언가 말로 털어놓았을 적에 이쪽은 취했기 때문에 기세를 올려 말해 버렸지만, 저쪽에서는 취하지 않고 그대로 기억하고 있을지도 모른다. 그래서 뒤에 '술 때문에……' 하고 변명을 해봐도 이미 때늦어 엎질러진 물이다. 그뿐인가, 평상시에는 속을 드러내지 않는 사람이 술 취하면 본색이 나오는 모양이라고 오해를 받아, '저 놈은

평상시에는 저렇게 말해도 진심은 이렇게 생각하고 있다'고 취급되어, 상대에게 진의를 의심 받게 되어 사람 이하의 대우를 받는 수가 있다.

다음 또 문제가 되는 것은 술을 했을 때의 기억이 도망가고 없을 때다. 나는 60 무렵까지 대주객이었지만, 평생 다음날 기억이 없는 일은 없어서 그 방면의 성적은 좋았지만, 요즈음 젊은이들은 폭주를 해서 기억이 나지 않는 일이 많은 모양이다. 그렇게 되면, 어제 밤에는 스트레스를 날리기 위해 변호사가 되었지만 오늘 아침에는 벙어리가 되어, 혹시나 실수는 없었을까 하여 다시 스트레스를 몰고 오게 된다. 착실히 집에 돌아왔고, 술값도 제대로 지불했고, 친구에게 전화해봐도 별로 취하지 않더라는 대답을 받았는데도 그렇다. 이렇게 되면 취했어도 정신은 뚜렷하더라고 인식되어, '술 취해서 그랬기에 기억되지 않는다'고 해명을 해도 통용이 안 된다. 이러면 더욱 스트레스가 쌓인다.

또 술 취한 다음날, 혈액 속의 한 물질 수치를 재보면 우울증 환자에서의 수치와 같을 정도로 저하되어 있다. 이 물질 수치는 뇌에서의 그 수치와 동조하는 것인데 그렇다. 그러고 보면 술 취한 다음날 아침에는 우울증 환자와 같게 된다는 것을 알 수 있다. 그러니까 급성 우울증 환자가 되어 있다. 또 술 취하면 다음날 새벽 번쩍 눈이 떠지는 일이 있는데, 이것도 우울증과 유사한 것으로, 위에 말한 물질의 저하가 잠을 깨우는 것이다.

다음날 이렇게 자신의 어리석은 짓을 반성하고 다시는 과음을 하지 않겠다고 다짐하지만, 또 밤이 되어 홍등이 켜지면 아침의 굳은 결의는 어디론지 달아나고, 홍등에 이끌려 술잔을 대하게 되므로 술꾼이라는 인종은 참 곤란한 존재인 것이다.

스트레스 해소를 위해 술을 애용하다가 알코올 중독이 되어 버린 사례도 너무나 많다. 1988년 미국의 부시 대통령과 매사추세츠주州 지사인 민주당 M.듀카키스가 대통령 선거에서 싸울 때, 듀카키스 후보의 부인이 헌신적으로 남편의 캠페인을 했었다. 그의 고귀한 지성, 따뜻한 정, 부드러운 인간 관계 등이 남편의 선거에 큰 힘이 되었는데, 애석하게도 선거는 부시의 압승으로 끝났다. 그 3개 월 후, 뉴스위크지에는 듀카키스의 기자회견 내용이 부인의 사진과 함께 나왔다. 부인이 선거 패배의 실망감으로 알코올 의존증이 되어 4주간의 입원 치료를 받고 있다는 내용이었다.

그런가 하면 내가 보니, 소주 한 병을 단숨에 마시고 과자 하나를 안주로 먹는 사람이 있었는데, 구멍 가게에 하루 세 번 들러 이렇게 서서 마시고 간다고 하니 놀랄 일이다. 이쯤 되면 알코올 중독의 표본이라 할 것이다.

알코올 의존증은 정말로 술이 먹고 싶다는 것과는 다른 것 같다. 두 개의 그릇에 토닉(강장제)과 향신료香辛料 따위를 넣어 거기에 알코올을 가한 것과 가하지 않은 것을 만들었다. 마시면 맛이 강하므로 어느 쪽에 알코올이 들어 있는지 모르게 되어 있다. 이렇게 해 두고, 알코올 의존증 환자에게 알코올이 들어 있지 않은 편을 들어 있다고 하면서 주면 많이 마셨고, 안 들어 있다고 하면서 들어 있는 편을 주면 별로 마시지 않았다. 이들은 술이 안 들어가면 손이 떨리고 무엇을 생각할 수 없는 정도의 증상이 있는 분들이다. 이런 사람들도 술이라고 하면 아닌 것을 많이 마시고, 아니라고 하면 술인데도 적게 마신 것을 보면, 알코올 자체보다 술을 마신다고 하는 의식을 좋아하고 있다는 것을 알 수 있다. 그러니까 술을 먹고 싶다는 것보다도 마시고 있는 기분을 즐기고 있는 것이다. 어떤 사람은 술이 거나해졌을 때 쌀뜨물을 막걸리라고 하면서 주면 좋다고 잘 마신다. 이것만 봐도 알코올 의존증의 실태를 잘 알 수 있다.

같이 술을 마실 때 상대가 호의적인 태도인가 어떤가에 따라 이쪽의 주량이 달라진다는 보고는 많다. 예컨대 마음에 드는 상대와 마실 때는 상대의 주량에 자기 주량을 맞추는데, 만일 싫은 상대와 마실 때는 상대의 주량에 관계없이 계속 혼자만 많이 마신 것으로 나타났다. 이것을 봐도 술이란 마시는 기분을 중시하는 것이라고 알 수 있다.

술은 인생의 모든 장면에서 중요한 역할을 띄고 있는데, 심리적 요인도 크다는 것을 인식한다면 술을 상행위 따위에 잘 이용하는 것은 바람직한 삶의 포인트로 되어 있다. 어떤 분은 주석酒席에 대해 좋은 교훈을 주고 있어서, 여기에 소개를 해 둔다.

○ 술을 못 마셔도 2차, 3차까지 동행하라. 잘 못한다고 꽁무니를 빼지 말라. 오히려 못해도 즐겁게 대하면 자기 주위에 사람을 가까이 하고, 손님을 끈다.

○ 자기 주량의 적도는 꼭 알고 있어야 한다. 술은 상대의 마음을 열게 하는 무기가 되지만, 잘못하면 이쪽이 술에 먹혀서 손님과의 연이 끊어질 수도 있다.

○ 마시지도 않았는데 취한 체 말라. 무리해서 상대에 영합하려 하는 연기는 곧 무산되어, 조심해야 할 놈이라고 점 찍히면 귀한 상객上客도 멀어져 간다

○ 가 보지 않았던 술집을 접대에 택하지 말라. 단골손님만큼 우대해 주지는 않는다.

○ 1차의 접대에서는 가볍게 하라. 처음에 너무 마시고 먹고 하면 뒤가 계속되지 않는다. 1차에서는 좀 욕구불만케 하고 2차·3차에서 승부를 거는 것이 포인트다.

스트레스 해소에 효과가 좋다면서 너무 가까이 하는 사람에게 술에 대한 주의까지 참고로 말했다.

다른 것은 몰라도, 술에 대해서만은 나를 능가할 사람이 없을 거라고 자부심을 가진 사람 중의 하나가 나다. 그런데 술이란 정말 묘한 것이다. 술을 끊고 참을 때가 있다. 술꾼이 술을 참는다는 것이 이해가 안 될지도 모르지만, 나는 참는 수가 있다. 건강 검진을 받기 위해 1주일, 수술을 했기에 2개 월, 암 수술 후 6년, 내가 술을 끊을 만한 의지가 있는가 해서 얼마? 이렇게 참을 때가 있다. 그런데 그러고 나서 다시 술잔과 키스를 했을 적에 생각하기를, 처음 술을 대하는 사람처럼 한 잔만 먹으면 취하겠지 하지만, 아무리 먹어도 주기酒

氣가 없다. 그러니 참았다가 먹으면 평소보다 두 배는 더 먹어진다. 그런가 하면, 황금 시대에 매일 곤드레만드레가 되도록 마시다 보면 며칠이 지나면 아침에 일어나기 어려울 정도로 몸이 괴롭고, 정신이 혼미해진다. 우울증 환자와 같은 피로가 오기도 한다. 그래서 쓰러질 것 같지만 또 그렇지는 않다. 그러다가도 10일 정도를 연속 강행을 하다 보면, 다음부터는 심신이 적응이 되어서 부드러워진다는 것을 느낄 것이다. 병에 면역기능이 생기듯이 술에 대한 적응력이 생긴다. 그래서 이러나 저러나 주량酒量만 크게 늘어나서 나중에는 대주객이 되어 가는 것이다.

여기 말한 것은 필요 없는 이야기처럼 들리겠지만, 술에 의존하여 스트레스를 해소코자 하는 사람에게 참고가 될까 해서 나의 경험을 소개한 것이니, 이 점을 주의하라는 것이다.

④ 담배

과학자이며 수필가인 데라다寺田寅彦의 문장에 '담배의 맛이라고 하는 것, 이것은 분명히 순수한 미각도 아니고, 그렇다고 해서 보통의 후각도 아니다. 혀와 입 그리고 코의 점막보다도 훨씬 깊은 곳의 인후(목)의 감각이며, 말하자면 연각煙覺이라고나 이름해야 할 것 같은 마음이 든다. 그렇다면 이것은 보통 말하는 5관五官 외의 6관이 있다는 걸로 된다'고 했다. 담배를 피울 때 먼저 입에 무는 감각, 빨아서 입 안 목구멍을 자극하는 감각, 다시 폐를 불리는 감각 등의 담배가 주는 만족감·안정감을 그대로 말했는지 모르겠다. 이러한 감각은 쾌감 중추를 자극하는 모양이다. 그래서 의사가 담배를 끊으라고 아무리 해도 못 끊는 환자가 많다. 나의 한 친구는 나와 같은 협심증 환자인데, 대학 병원에 끊었다고 거짓말하면서 여전히 피우고 있다. 죽어도 못 끊겠다는 것이다. 그렇지만 여하튼 담배의 스트레스 해소에 대해서는 데라다寺田의 지적대로 무시할 수 없는 것이 사실이다. 대개 스트레스가 많은 직업인은 담배를 피우고 있다.

일반적으로 담배에게 상을 줄 일은

○ 니코틴은 기억력을 돕고 치매를 방지하고 있다.

○ 니코틴은 뇌를 흥분시키는 작용이 있다. 이로써 뇌가 맑아졌다고 느낀다.

○ 니코틴은 의존성이 있어서 이 의존성이 심리적으

로 만족되고 있다.

반면에 담배가 벌 받을 일은

○ 흡연으로 일산화탄소가 발생, 혈액이 산소를 운반하는 능력이 저하되므로 뇌의 작용이 저하된다.

○ 니코틴 중독은 두통을 일으키고 신경 과민 등 신경증을 가져 오게 한다.

○ 혈관 수축을 일으켜 혈류 장애가 되게 한다.

○ 동맥 경화를 일으킨다.

이상을 관찰하면 공과 죄가 반반같이 보이지만 실은 죄가 많고, 거기에 결정적인 대죄는 폐암의 원흉이라는 데 주목해야 된다. 나는 담배를 피우는 사람을 발견하면 지금도 피우냐고 박살을 낸다. 그럴 때면 도저히 끊을 수가 없다는 변명이 나오는데, 그때는 또 철퇴를 내려 준다. 담배 하나도 끊을 수 없다면 무슨 일을 하겠느냐고 무능력을 탓해 준다. 이렇게 말을 하고 있는 나이지만 데라다가 말한 담배의 효과만은 부인하지 않고 있다.

⑤ 수면

모든 포유 동물이 잠을 자고 있는 것을 보면 수면은 생존에 꼭 필요한 것 같다. 동물의 수면 시간은 종에 따라 차이가 있어서, 게으름뱅이란 놈은 20시간이나 자고 있으며, 말은 2시간만 잔다고 한다. 게으름뱅이는 체온을 조절해서 열을 발산시키는 작용을 못하게 되어 있으므로, 몸을 움직이지 않음으로써 열의 발생을 방지하여 잠만 잔다고 한다. 곰은 체온이 일정 이하로 내려가면 동면冬眠에 들어간다.

사람은 각기 다르지만 일반적으로는 8시간이 권장되고 있다. 나폴레옹은 4시간만 자고도 잘 견디었다. 사람은 잠이 모자라면 몸과 마음에 쌓인 피로가 회복되지 않는 것이 잘 알려져 있다. 그러니 스트레스가 풀릴 리가 없다. 잠을 깊이 잠으로써 스트레스에 의한 생체와 마음에서의 반응을 다소라도 해소시킬 수 있는 것이다. 잠은 깊이 잘수록 좋다.

그렇다면 사람이 자고 있을 때 뇌는 어떠한 상태에 있는가가 흥미로운 일인데, 이를 알아보기 위해서 뇌파계腦波計로 뇌파를 조사해봤다.

눈을 감으면 규칙적인 파波가 나타난다. 이것을 α 파라 한다. 이 때 눈을 뜨면 파는 더 미세하게 된다. 이를 β 파라 한다. 눈 감은 상태로부터 잠이 깊어지면 파는 크고 천천히 된다. 이것을 서파徐波 수면이라 한다.

1952년 시카고대학의 아세린스키는 자고 있는 아들의 뇌파를 연구하고 있었다. 그런데 갑자기 급속한 눈알의 움직임과 아울러 뇌파계의 바늘이 심하게 진동을 했다. 그 상태가 30분쯤 계속되었고, 또한 2시간마다 출현했다. 아들의 잠을 깨웠더니 아들은 꿈을 꾸고 있었다고 했다. 이 때까지는 자고 있을 적에는 뇌는 쉬고 있는 것으로 생각하고 있었는데, 이런 현상이 나타나서 큰 충격을 주었다. 이 현상은 '빠른 눈의 운동 rapid eye movement : REM'라 하고, 이 때의 수면은 렘 수면이라 한다. 렘 수면은 모든 포유 동물에서 볼 수 있고, 사람의 태아에도 있다고 한다. 렘 수면 도중에 깨워서 렘 수면을 방해하면 다음날에는 더 많은 렘 수면 횟수가 나타난다. 사람은 8시간의 수면 중에 4회 정도 렘 수면이 생기고, 1회는 대체로 10~40분 계속된다. 서파 수면의 때에도 꿈을 꾸는 일이 있기는 하지만, 거의가 기억에 남지 않는 꿈이다

우울증은 불면不眠이 되며 서파 수면이 안 된다. 수면을 충분히 취하는 것은 정신을 맑게 하는 데에 도움이 된다. 서파 수면을 취하고 있으면 에너지 소비도 없다. 이와 같은 수면으로 에너지 사용이 적은 동물일수록 장

수한다고 한다. 그러니까 잠이 보약이라는 말은 여기서 나온 것 같다.

동물이 위험한 곳에서 살고 있으면 수면 부족이 된다. 언제 습격이 있을지 모르기 때문이다. 반대로 안전한 곳에 사는 동물은 잠을 많이 자서 장수하고 있다. 물론 스트레스가 적어서 건강이 유지된다는 것도 있지만, 안전한 곳에서 잠을 많이 잔다는 것이 큰 역할을 하고 있다.

그렇다면 수면이 이렇게 중요한 것인데, 어떻게 하면 안면安眠이 될 수 있는 것인가 하면 앞에 말한 좌선이 특효가 있다는 것이 알려져 있다. 마음을 통일하면 잠이 오게 된다. 쓸데없는 망상妄想 때문에 잠이 안 자지므로 마음에서 망상을 날려 버리면 된다. 좌선의 수식관數息觀에서 하나 둘 하고 있을 때에 가족에 대한 일, 친구에 대한 일, 물가에 대한 일 등 계속해서 생각이 떠올라와서 곤란하기는 해도, 어떻든 30분쯤 수식관을 하고 있으면 잠을 잘 수 있게 된다. 이와 같이 해서 마음을 통일하고 잡념을 배제하는 것은 낮에는 효과 있게 일을 할 수 있고, 밤에는 잘 자게 되므로 대단히 바람직한 것이다.

(3) 히라이의 방법 – 우회 작전

현대인이 스트레스에 노출되어 있을 때, 하나하나 스트레스의 정체를 발견해서 현실적으로 그에 대응해 가는 것은 대단히 어려운 일이다. 정상일 때 그것이 가능한 사람도 이미 우울증 같은 현실에 있으면 불가능한 것이다. 그래서 우회 작전으로 스트레스에 대항할 수밖에 없는데, 일본의 도쿄대학 의학부 신경과 히라이平井 교수는 여기에 대해 다음 세 가지를 제시한 일이 있다(1988). 잘 생각을 해보면 기발한 착상이면서 재미난 방법이라 하겠다.

① 합리화

이는 가정 생활을 합리화한다든지, 회사를 구조 조정을 해서 합리화한다든지 하는 그런 말은 아니고, 막말로 자기가 한 일이면서 자기가 책임져야 할 일을 주위의 다른 곳에 밀어 붙이는 것, 이것이 합리화다. 그러니까 자기가 스트레스를 받을 일을 자기는 안 받고 거기서 벗어나자는 방법이다. 가령 학생의 입장이라면, 성적이 나쁜 것은 자기 방이 없어서 공부에 지장이 있어서였다고 하는 그것은 성적 부진의 합리화, 이 일은 자기 능력 이하의 일이므로 봉투의 주소 쓰기는 싫다고 하는 대학 졸업 신입 사원의 합리화 같은 것이다. 쥐 잡는 일은 고양이 몫이지 천리마馬의 할 일은 아니라는 식이다. 요컨대 자기의 책임을 면하자는 것이다.

심하게 되면, 이런 못난 얼굴로 태어난 것은, 자기 머리가 나쁜 것은 어쩌다 잘못 돼 만난 부모의 탓이라고 하는 중·고생이 많아지고 있다는데, 여기까지 철저하게 되면 합리화는 병적인 것이 된다.

② 승화

불만의 대상을 두고 거기다 바로 불만을 나타내지 않고, 다른 쪽에서 차원 높게 불만을 채워 만족되게 하는 방위 반응을 승화昇華라고 한다. 예컨대 자기 체력이 빈약해서 그것을 알고 거기에 불만을 가지고 스트레스가 있다고 할 때, 체력을 높이는 길은 쉽지 않으므로 차라리 그대로 두고 대신에 지적知的인 면에서 우수해져서, 체력의 흠을 지적인 우수성을 가지고 보충을 하면 스트레스는 방위가 된다. 그렇게 노력을 하는 것이 승화의 의미이다. 봉사는 눈으로 볼 수 없으므로 대신에 손 감각이 뛰어나게 발달해서, 손으로 더듬어 점자點字 해독을 하는 거나 비슷하다.

남편에 대한 불만이 있을 적에 바로 싸우지 말고, 다른 방향에서 남편의 결점을 찾아 높은 차원에서 박살을 내는 것도 승화다(여기서 배웠다는 것은 비밀로 하고). 불만을 일기장에 써서 토로함으로써 마음이 후련해져서 스트레스를 방위할 수 있다면 그것도 승화의 한 방법이다. 불만이 있다든지 화가 치밀 때, 자기 속마음을 알아줄 만한 친지를 찾아서 폭발시킴으로써 마음이 후련하게 안정 된다면 그것도 승화의 길이다.

③ 취소

자기가 약속한 일이나 자기가 발언한 일, 거기에 대해서 자기가 한 일이 아니라고 오리발 내미는 사람이다. 예컨대 자식과 무슨 약속을 해서, 그 기억이 있다고 하더라도 그것이 무리하고 어려운 일이었다면 취소해 버리면 된다.

"아빠는 나이가 많아져서 잊어 버렸다"

하면 그만이다. 그렇게 도망치는 방법도 있다.

"자동차 면허를 따고 싶어요."

아들이 말하자

"그래, 좋아. 다만 차는 사 주지 않는다"

하는 것도 하나의 수단인데, 뒤에 아들이 면허를 따고 나서

"아빠, 차 사 줘요."

"아빠는 처음에 따는 건 좋지만 사 주지는 않겠다 했지?"

하고 발 뺄 수 있다. 그런데

"아니어요. 아빠는 그렇게 말하지 않았어요."

하고 면허를 따면 사 주겠다고 했다는 식으로 거꾸로 취소하는 식도 있다는 것을 알아야 한다. 이것은 아들이 취소법을 공부해서 아버지가 거꾸로 당한 보기다. 거기를 주의하지 않으면 안 된다. 여기가 대인 관계의 어려운 점이다.

스트레스가 방위기에 있을 때라면 이상의 쉬운 방법으로 돌파할 수 있지만, 이것이 피폐기에 이르면 파탄되고 나서는 정신 장애가 생긴다. 장애에는 신경증과 정신병의 두 단계가 있다. 이렇게 되면 일상 생활에 위기가 오게 된다. 따라서 스트레스는 방위 단계에서 바

로잡는 것이 바람직한 일이다.

(4) 머피의 방법

머피 J.Murphy는 ≪마음의 법칙 The Amazing Laws of Cosmic Mind Power≫이라는 저서에서 '이 책은 당신의 인생에 대해 마법魔法과 같은 불가사의한 힘으로 작용할 것'이라며, 우리의 인생을 스스로 원하는 대로 바꿀 수 있다는 말로 시작하고 있다.

마법이란 마력魔力을 작용시켜 불가사의한 일을 행하는 술법을 말한다. 잘 모르는 불가사의한 힘을 사용함으로써 어떤 효과를 일으키는 것이다. 모르는 것이라고 하지만, 그 말은 정말로 모르는 사람의 입장에서의 말이고, 알고 있는 자의 입장에서는 다르다. 알고 있는 자에 있어서는 마법이 아니지만, 모르는 자에 있어서는 마법이라고 생각될 수도 있다. 즉 마법이란 상대적인 말이라 할 수 있다. 예컨대 우리는 라디오나 TV를 듣고 보고 할 때, 전문적 지식이 없어 내용은 잘 모르지만 어느 정도는 알고 있으므로 이들을 마법이라고는 보지 않지만, 만일 200년 전의 사람에게 보인다면 틀림없이 마법에 의한 것이라 할 것이다.

힘이라는 것은 눈에 보이지 않으므로, 아는 사람은 알고 있지만 모르는 사람에게는 의외로 알려져 있지 않아서 모르는 사람이 볼 때는 마법같이 생각할 수도 있다. 우리가 매일 즐기고 또는 슬퍼하고, 화내고 웃고, 고민하고 하지만 이런 일은 모두 정신 또는 마음의 작용에 의한 것이다. 그런데 우리는 정신이란 무엇인가, 마음이란 무엇인가를 잘 알지 못하고 있다. 정신이나 마음을 꺼내서 육안으로 본다든지 현미경으로 조사한다든지 할 수는 없기 때문이다. 그러나 그것이 어떻게 작용하는가는 알 수 있으므로, 마음의 법칙을 알고 그 법칙을 교묘하게 사용함으로써, 우리는 마음의 안정 · 행복 · 자유 따위를 완전히 자기의 것으로 삼을 수가 있는 것이다. 우리의 마음속에는 그러한 훌륭한 힘이 숨어 있는 것이다. 마치 마법의 마력을 사용하는 것과 비슷하다. 이렇게 보면 우리는 매일 마법을 사용하고 있는 것이라 할 수 있다.

우리는 정신이 있고 마음이 있다. 우리는 마음의 법칙을 알고 우리 자신의 마음을 효과적으로 사용함으로써, 우리의 생활에 마법 비슷한 불가사의한 일이 생겨서 스트레스를 해소시키면 된다. 머피의 책에는 15개의 마음의 법칙을 들어, 숨어 있는 마법과 같은 힘을 어떻게 사용할 것인가를 수없는 실례를 들어 설명하고 있다. 그 중의 몇 가지를 본보기로 소개코자 한다.

① 신념의 힘은 놀라운 일을 수행한다

큰 회사의 판매원이 머피를 찾아왔다. 영업부장이 죽어서 그를 후임자로 선정했는데 그는 거절했다는 것이다. 그에게는 영업부장이라는 중책을 맡는 것이 무서워서였다고 했다. 책임이 무거워 감당할 수 없었기 때문이다. 이 사람은 신념이 없었다. 속에 숨어 있는 능력을 믿지 못했다. 그래서 좋은 승진 기회는 상실됐다. 그는 자신의 능력을 의심했고 자신이 없었다. 그 사람은 모든 것을 부정적으로 생각해 버리는 치명적 결점이 있었다. 나는 승진하는 것이 불가능하다고 생각했다.

머피와의 상담 결과 그는 자기의 정신 씀씀이가 틀려있음을 알았다. 용기를 가지고 극복하기로 서약했다. 자신을 가지고 모든 일에 대처키로 했다. 이렇게 해서 그는 새로운 인간으로 다시 태어났고, 그 결과 그에게는 부장급 이상의 중직이 주어졌다. 이것이 신념이라는 마술이다. 이 신념이라는 마술을 쓰면 스트레스를 해소시킬 수 있다.

누구에게나 무엇인가의 신념이 있다. 문제는 그 신념을 어떻게 사용하느냐, 건설적으로 쓰느냐 부정적으로 쓰느냐 하는 것이다. 거기에 따라서 천국에도 지옥에도 가는 것이다. 만일 자기의 신념이 건설적으로 향하면 모든 난관은 해결되고 새로운 길이 열리게 된다. 자신의 마음속에는 모든 문제를 해결하는 열쇠가 있고, 모든 병을 치유하는 힘이 있다고 믿는 것이다. 자기에게는 고난의 바다를 건너갈 수 있는 능력이 있다는 것을 믿는 것이다.

위대한 과학자 · 예술가 · 시인 · 발명가 ·실업가로 불리는 사람들은 모두가 천부의 재능을 가지고 있고, 눈에 보이지 않는 것을 생각해 내고 만들어 내는 일에 절대적 신념을 가지고 있는 것이다. 절대적 자신에 차 있다. 라디오는 이 세상에 나오기 전에 발명자의 마음에 존재하고 있었고, 포드의 가슴속에는 생기기도 전에 자동차의 모습이 있었다.

우리가 하려고 하는 꿈 같은 일이, 타인에게는 안 보

이지만, 우리의 마음속에는 살아서 존재하고 있다는 것을 생각하면서, 마음속의 보이지 않는 존재를 현실의 것으로 만들면 된다. 그때에 우리의 잠재 의식은 그 실현에 확신을 가지고 도와주게 된다. 잠재 의식 속의 필름이 현실 세계라는 스크린에 투영된다. 이렇게 우리의 수많은 아이디어가 실현되게 된다. 여기 잠재 의식이란 마음속 깊이깊이 숨어 있는 의식인데, 바탕이 되는 근본 마음이다. 어려운 말로는 제8식이라 한다.

② 신념이 어떻게 승리로 이끌었는가?

큰 회사의 한 전무는 사장과 부사장에 대한 원한으로 가득 차 있었다. 회사에서 내쫓으려 하기 때문이다. 그래서 불만이 가득하여 거기에 대한 자신도 없어졌다.

그는 머피에게 주장했다. 힘 같은 것의 정체를 말하면서

"나는 보이지 않는, 들리지 않는, 냄새 없는, 맛볼 수 없는, 만질 수 없는 것들의 존재를 믿을 수 없다"

하자, 머피는 물었다.

"당신은 5감으로 느끼는 이외는 믿어지지 않는다고 했는데, 당신은 자신의 마음이 보입니까? 자식에의 사

랑을 맛볼 수 있습니까? 살아가는 신조信條를 만질 수 있습니까?"

그는 이 점을 인정하고

"그렇습니다. 확실히 지금 나는 살아 있습니다. 그러나 내 생명을 현미경으로 본다든지, 화학 연구소에서 분석한다든지 하는 것은 불가능하군요."

이렇게 서로의 대화가 진행되면서, 5감으로는 느끼지 못하지만 분명히 존재하고 있는 영지英智와 힘에 의존해야 된다는 것을 그는 알게 되었다. 잠재 의식에 숨어 있는 힘을 정신적으로 통일하는 것이 중요하다고 생각했다. 그래서 그는 매일 몇 번이고 기도를 했다.

'나는 사장 · 부사장에 대해 나의 선의善意와 사랑을 생각으로, 말로, 행위로 나타내자.' 이 말은 점점 그의 잠재 의식의 바탕에 녹아 갔다. 일을 하다가도 싫은 일이 생기면 마음속에서 말했다. 그러면 마음이 안정이 되었다.

그런 2주 후 그는 사장실에 불려 갔다. 놀랍게도 사장 · 부사장이 사과하면서 악수를 했고, '당신 없이는 회사가 되지 않는다'고 하여, 이렇게 되자 그의 신념은 활기를 띠게 되었다. 성공의 능력이 자기에게 있다는 것을 알았다.

자기의 마음 · 생명 · 사랑 따위는 보이지 않는다. 신념도 역시 보이지 않는다. 그러나 자기의 마음을 신념이라고 하는, 눈에는 보이지 않지만, 가장 든든하고 영원한 것에 연결할 수가 있다.

③ 신념을 바꾼 만년 하급 가수

노래를 잘하는 여자가 아무리 심사를 받아도 떨어지므로 일종의 거부 반응이 생겨 신경 쇠약이 되어 버렸다. '나보다 더 아름답고 매력적인 가수가 수없이 있다. 그러니 나 따위에는 계약이 돌아오지 않는다'하고 있을 때 머피와의 대화가 이루어졌다. 그녀는 머피의 말을 잘 이해하고 마음가짐을 바꾸었다. 항상 탈락한다는 지금까지의 신념을 바꾸어, '이번에는 재능을 힘껏 발휘하여 반드시 합격하겠다'는 신념으로 전환하는 노력을 했다. 마음을 안정시켜 신념을 속삭였다. 그녀는 주의력을 집중시켜서 그녀의 손에 계약서가 있다고 상상을 했다.

그렇게 하자, 그 환각적인 계약서가 진짜로 실존하며 자기는 기쁨에 넘치고 있다고 느끼기 시작했다. 드디어 이것이 진짜가 되어 1주 후에는 계약서에 싸인을 하게 되었다. 상상적인 계약서를 놓치지 않고 꽉 잡음으로써 언젠가는 진짜가 되리라는 확신이 합격의 성과를 가져오게 한 것이다

실패나 부정이라는 소극적 마음을 고쳐, 적극적인 성공・긍정・생생한 생활의 신념을 갖도록 해야 한다. 신념은 우리의 마음이다. 그리고 잠재 의식 속에도 우리가 무엇을 물어봐도 답을 해줄 전능의 힘이 존재하고 있다. 그럼으로써 외부로부터의 공격이나 환경의 변화를 극복할 수 있는 것이다. '이렇게 되었으면 좋겠다'하는 것이 있으면 그렇게 된 것으로 있으면 된다. 지금부터 하고 싶다는 것은 지금 하고 있다고 하면 된다. 그렇게 하면 신념의 마법 같은 힘이 우리의 인생에 기적을 가져 오게 한다.

④ 교통 사고의 원인은 정신적인 것

대개 사람들은 열차나 자동차 사고에 대해서 이렇게 생각한다. 난데없이 어디서 당치도 않는 폭력이 날아와서 아무 죄없는 사람을 죽이고 상처를 주는 것이라고. 그러나 교통 사고란 그 사람의 정신적 상태와 무관하지

않다. 마음가짐과 재난은 같이 따라다니는 것이다. 무리는 무리를 부르는 것이다.

수호신같이 나를 지켜 주는 든든한 것이 나에게는 있다고 믿고 있는 사람은 교통 사고 같은 재난을 당하지 않는다. 마치 물과 기름을 합해도 섞어지지 않는 것과 같다. 신념의 법칙에 의해서 나에게는 그러한 재난이 없다고 믿고 있는 자에게는 교통 사고는 닥치지 않는다.

마음 깊이 이 진리를 믿으면 어떠한 불행에도 동요되지 않는다. 이 세상에 무서운 것은 없다. 교통 사고를 비롯한 화재나 전쟁 등 모든 재난의 배후에는 반드시 정신적인 원인과 그렇게 될 만한 마음가짐이 있었던 것이다. 사람이 원인이었고 결과는 사람에 의해서 만들어졌다.

⑤ 왜 남자 친구가 생기지 않았던가?

한 사무소에서 일하고 있는 처녀가 머피에게 하소연했다.

"나는 너무나 부끄럼 타고 겁쟁이이면서 내성적입니다. 그래서 남자 친구가 한 사람도 생기지 않습니다."

그녀는 결혼하고 싶다, 자기 가정을 갖고 싶다, 사랑을 하고 사랑을 받고 싶고, ○○부인이라 불리고 싶은 것이라고 머피는 생각했다. 그래서 그녀에게 어떻게 하면 소원을 실현할 수 있을지를 설명했다. 사실 그녀는 마음 먹기를 잘못하여, 자기가 가지고 있는 장점을 전부 놓치고 있었던 것이다.

머피의 충고를 듣고, 그녀는 타인으로부터 호감을 사고 존경을 받고 사람이 따르게 되었다고 느끼려고 결심했다. 그녀는 수첩을 사서 거기에 많은 이름을 써 넣었다. 그 이름은 그녀가 남자 친구로 삼고 싶은 남성의 이름이었고, 지금으로서는 상상의 이름이었다. 그러면서 그러한 이름의 남성으로부터 데이트 신청을 받은 것으로까지 상상이 갔다. 밤이나 낮이나 일을 하면서도 그녀는 생각을 반복했다.

그러고 나서부터 그녀는 사내 사이에서 크게 인기를 끌게 되었다. 댄스 파티에도 초청되면서 그림의 떡은 아니었다. 그녀는 결혼하려고 결의했다. 훌륭한 결혼 상대가 그녀를 행복하게 해줄 것을 생각했다. 그런 상대가 틀림없이 생길 거라고 마음에 정했다. 밤에 잠들기 전에는 손가락에 결혼 반지가 끼어 있다고 상상했다. 정신적으로는 그 반지를 만지고 있었고, 손가락에 낀 굳은 감각까지 느끼게 했다. 그러한 생각과 느낌을 현실의 것으로 해서 잠재 의식에 스며들게 했다. 더 나아가 그녀는 반지가 정들게 되었고, 진작 결혼한 하나의 가정을 이루고 있다는 심정까지 가지게 되었다.

드디어 그녀는 훌륭한 사내를 만나게 되어 행복한 가정 생활을 보내게 되었다.

⑥ 열등생이 어떻게 해서 우등생이 되었는가?

한 아버지가 아들의 장래에 대해서 대단히 마음을 상하고 있었다. 학교 선생님은 그 애를 머리가 둔하고 어리석고 진보성이 없어서, 저능아를 수용하는 특수 학교에 보내는 것이 좋겠다고 했다. 그 아버지는 머피의 의견을 듣고 전혀 반대의 것을 생각하기에 이르렀다. 매일 밤 그는 아들이 성적표를 보이고는

"아빠, 보세요. 전부 100점인데요"

하는 것을 상상하게 되었다.

그는 매일 밤, 이 자기 암시暗示가 잠재 의식에 스며들도록 되어서 하나의 확고한 신념이 이루어지도록까지 계속했다. 이 자기 암시는 성공적으로 아들의 마음에 전달되어서, 아들의 성적은 자꾸자꾸 좋아지고 드디어 우등생 대열에 끼게 되었다. 아버지는 자기가 깊이 생

각한 암시가 훌륭히 결실을 맺게 된 사실을 체험하게 되었다.

아버지의 기도는 잠재 의식 속의 이성과 영지英智와를 발동시켜, 그것이 아들의 마음에 깊이 스며들어, 이번에는 아들이 아버지의 신념을 훌륭히 완수한 것으로 된 것이다.

⑦ 결혼 생활의 실패를 되돌리다

머피가 주례를 해서 한 결혼식을 마쳤는데, 한 달도 못 돼서 둘이는 이혼하여 신부가 친정에 돌아가 버렸다. 꿈 같은 신혼 생활에 왜 그랬을까?

신랑을 대면하자 그는 머피에게 하소연했다.

"매일매일 나는 그녀가 다른 남자에게 도망가지나 않을까 걱정만 했습니다. 나는 의처증을 가진 것입니다. 그녀를 믿을 수 없었고, 그녀에겐 남자 친구가 많았고, 그 중에는 좋아하는 남자가 있을 거라 생각했습니다. 그래서 언제 그녀가 나로부터 떠날 지 그것만 무서워했습니다."

이 청년은 자기의 처에 대해 나쁜 일만을 상상하고 있었다. 그래서 의처증을 갖게 되고, 언젠가는 자기로

부터 떠날 거라고 무서워했으며, 그녀가 없어진 뒤의 외로움만을 마음속에 그리고 있었다. 그는 '일생 동안 사랑하면서 같이하고, 존경하고, 진실과 정성을 다한다'고 하는 결혼식에서의 서약을 버린 것이었다. 이 청년의 걱정은 신부의 잠재 의식에 전달되어, 자연의 순리대로 그가 가장 걱정하고 있었던 일이 현실로 나타난 것이다. 그러나 알고 보면, 이것은 그가 믿고 있었던 일이 그대로 현실로 되어 나타난 것에 불과했다.

그런데 어느 기회에 이 둘이가 머피의 책을 읽고, 자기들의 불행이 의식과 잠재 의식과의 문제임을 깨닫고, 매일 기도를 시작했다. 그 기도는 아침에 일어나자마자 둘이를 인도해 주시고 평화와 조화와 환희가 둘이 사이에 나타나기를, 식사 때마다 감사의 기도를,, 밤에는 오늘의 축복을 감사하며 잠에 들게 해 달라고 했다. 이렇게 하고 있는 사이 둘이는 다시 한 번 결혼을 하겠다는 마음이 되고, 다시 결합하여 행복한 가정을 이루게 되었다.

⑧ 엎질러진 물도 다시 그릇에 돌아온다

여자가 한 번 남편의 집을 떠나면 다시 돌아올 수 없다는 뜻으로 복수 불귀분覆水不歸盆이라는 말이 있다. 엎질러진 물은 다시 그릇에 돌아올 수 없다는 것이다. 이와 비슷한 말로 한 번 떨어진 꽃은 다시 가지에 오르기 어렵고, 깨어진 거울은 거듭 비치지 못한다고도 한다.

강태공姜太公이 글만 읽고 가사를 돌보지 않으니, 그의 아내 마馬씨가 불만을 품은 나머지 이혼을 하고 친정에 돌아가 있었다. 그런데 세상 일이란 알 수 없는 것이라, 주周나라 새 왕조가 들어서자 강태공은 일등 공신이었기에 제후로 들어앉았다. 이렇게 되니 마씨도 후회가 되어, 태공을 찾아와 다시 같이 살기를 요청하기에 이르렀다. 이 때 태공은 물을 들에 붓고 마씨에게 그것을 동이에 담아 보도록 일렀다. 마씨는 물을 주워담는다고 수선을 떨었지만 될 일이 아니었다. 그러자 태공이 말했다.

"당신이 다시 합치기를 바라나, 한 번 엎질러진 물은 절대로 거두어지지 않는 법이요."

그런데 여기에 엎질러진 물이 다시 그릇에 돌아온 보기가 있다. 한 부부가 머피를 찾아왔다. 둘이는 2~3년 전에 결혼했는데, 서로가 싫어져서 하는 짓 모두가 밉게만 보였다. 그래서 갈라지기로 했는데, 재산 문제로 싸우기까지 했다. 그러면서도 어떻게 해서 정식으로 이혼을 했다. 1년쯤 후 둘이 다 다른 사람과 재혼 생활에 들어갔다. 상대가 미워서 나 보란 듯이 한 것이었다. 그런데 이것이 대실패였다. 상대가 밉다는 생각만이 마음을 지배한 상태에서 한 이혼과 재혼이므로, 다시 잘 생각해보니 가장 좋은 것은 처음의 결혼 생활이었다.

"역시 사실은 우리들 둘이가 사랑하고 있었습니다. 지금도 사랑하는 사이입니다. 도대체 우리는 어떻게 하면 좋겠습니까?"
했다. 그러니까 상대가 미웠던 것은 사랑하기 때문에 그랬던 것으로 볼 수 있다.

머피는 겉보기에 불과한 지금의 생활을 청산하고 재결합할 것을 권했다. 현재의 결혼 생활은 거짓이며 진실한 사랑은 없다. 둘이는 자기들의 어리석은 과거를 솔직히 인정하고, 각각 위장 결혼을 평화리에 해소하고 재결합을 했다. 사랑은 둘이를 쇠사슬로 굳게 묶어 풀리지 않게 되었다. 엎질러진 물이 다시 그릇에 돌아온 것이다.

⑨ 구하고 있던 답을 얻은 대학 교수

한 대학 교수는 그가 쓰고 있는 논문에 1,000~1,500년 전의 어느 데이터가 필요하다고 생각되었다. 그런데 어디서 찾아야 할지, 영국박물관 아니면 뉴욕도서관을 찾으면 있을지도 모르는데 영국은 8,000마일, 뉴욕은 3,000마일이나 떨어져 있어 이 데이터를 입수하는 데는 며칠을, 경우에 따라서는 몇 주를 걸릴 것 같다. 더욱이 가령 도서관에 갔을 적에 어떻게 구체적으로 설명을 해야 할지 엄두가 나지 않았다. 머피가 시키는 대로 편안한 기분으로 마음을 안정시켜 자기 전에 입 속에서 조용히 기도했다. '나의 잠재 의식은 답을 알고 있다. 데이터를 나에게 넘겨 줄 것이다.'그는 단 하나 '답하라' 하는 말을 낮에도 마음속에 새겨 이 말을 반복했다.

그렇게 한 3일째의 아침, 출근 도중에 자기도 잘 모르게 발이 고古서점으로 향하고 있었다. 서점에 들른 순간 출입문 옆 책장에서 지금까지 그토록 구하고 있었던 데이터가 수록된 책을 발견했다. 의식意識상 생각하고 있는 일에 대해 잠재 의식이 대답하는 보기다. 그때 떠오른 답은 직감이다. 우리의 잠재 의식은 모든 방면에 사용되며, 필요로 하는 답을 잘 알고 있다. 때로는 그 답이 꿈속에서 갑자기 튀어나오든지, 감으로 머리 속에 떠오르든지, 자기도 모르게 해 버린 것이 옳은 형태로 나타나기도 한다. 갑자기 직관적으로 답이 나를 바른 방향으로 인도한다든지, 관계도 없는 사람이 말한 것이 답이 된다든지 하는 일도 있다. 이러한 사실을 증명이라도 하듯이 나에게도 그런 경험이 더러 있었다.

우리의 마음속에는 직관直觀이라는 것이 있다. 그것을 놓치는 것은 두 가지 이유에서다. 긴장하고 있다든지, 다른 일에 마음을 팔고 있을 때는 놓친다. 기쁨에 넘치며 확신하는 태도로 있으면 찰나의 그 번쩍임도 잡을 수 있다.

잠재 의식의 깊숙이 잠자고 있는 무한의 영지英智는 모든 것을 알고 있으며, 우리의 요구에 대답을 해준다. 우리를 적절한 시기에 적절한 장소에 가게 하고, 우리의 입에서 적절한 것을 말하게 하고, 적절한 방법으로 적절한 행동을 하도록 인도한다. 잠재 의식은 생각지도 않았던 모습으로 답을 해 온다. 우연히 들른 서점에서 답을 줄지도 모르고, 지나가면서 우연히 귀에 들린 말이 문제 해결의 실마리가 될지도 모른다. 여러 가지 때에 여러 가지 모습으로 답을 주고 있다.

⑩죽은 아버지가 숨긴 재산을 발견한 여성

'앙'이라는 여성이 머피에게 전화를 걸어 왔다.

"아버지가 사망했는데, 집 안 어느 곳에 상당한 액수의 돈을 감춰 두었습니다. 돈이 필요한데 발견할 수가 없습니다."

그녀는 어떻게 해서 자신의 잠재 의식과 연락을 해야 할지 모르고 있는 것이었다. 머피는 기도의 방법을 가르쳐 주고, 다음날 자기를 찾아오도록 일렀다.

그날 밤 머피의 꿈에 남자가 나타나 말했다.

"자, 일어나요. 이것을 써 주시오. 내일 당신은 내 딸 앙과 만나게 되어 있습니다."

머피는 일어나 꿈속에서 남자가 말했던 것을 적었다. 이것을 적고 있는 것은 머피도, 머피의 잠재 의식도 아니라는 것을 알고 있었다. 내일 만나기로 한 앙의 아버지의 영혼이 말한 것이었다. 이 모든 것은 후에 증명되었다. 많은 금액의 돈을 감추어 둔 곳, 토지의 소유권 서류를 가르쳐 준 것은 육체의 사후까지 남아 있는 영혼이었다. 다음날 앙이 찾아왔는데 머피는 그녀를 바로 알아볼 수 있었다. 그녀도 어제 밤의 꿈에 나왔기 때문이다.

우리들의 잠재 의식에는 훌륭한 면이 있는 것이다. 거기에는 일반적 의식으로써는 도저히 알 수 없으면서도 주관적으로 알게 된 일이나 알고 있는 일이 반영되어 있는 것이다. 그녀의 잠재 의식은 어디에 돈이 감추어져 있는지 알고 있었고, 잠재 의식과 연락만 되면 답은 곧 나올 수 있었던 것이다. 그런데 그것이 안 되니 머피의 도움을 빌린 것이다.

⑪음악 교습소를 열게 된 여성

뉴욕에서 한 젊은 부인이 음악 교습소를 열었다. 거금을 들여 홍보를 했지만 몇 주일이 지나도 학생이 오지 않았다. 이 음악 선생은 자기는 틀림없이 실패할 것이라고 생각하고 있었으며. 학생 편에서 말하면 그녀는 무명의 인사였기 때문이었다. 그렇지만 근본적 문제는 그녀 자신의 마음에 있는 공포심이었다. 그래서 그녀는 마음 먹기를 정반대로 했다. 그녀의 교습소에 오는 학생은 반드시 얻음이 있을 거라고 확신을 갖기로 했다. 다음과 같은 수법이 훌륭한 성과를 가져 오게 되었다.

하루에 2회, 그녀가 수업을 하는데 학생들은 그녀의 교습을 아주 기쁘게 받고 있다고 상상을 했다. '나는 이렇게 되고 싶다고 생각되는 연기를 한다. 그러면 나는 반드시 그렇게 된다.' 그녀는 이러한 연기의 배우가 되었다. 상상의 세계에서 그녀는 훌륭하게 성공한 선생이 되고 마음은 이상理想의 형태로 향하게 했다. 이러한 자기 암시를 꾸준히 계속했다. 그러고 있는 사이에 점점 현실이 그녀의 꿈에 가까워지게 되었다. 드디어 처리가 어려울 정도로 학생이 모여들었다. 조교가 필요하게까지 되었다. 이렇게 되고 싶다는 그녀의 소원이 그녀의 마음의 전환과 동시에 실현된 것이다. 만일 곤란한 일이나 실망된 사태가 있을 적에는 마음에 꿈을 그리고 그것을 믿으라. 마음으로부터 그 꿈을 구하고 있으면 꿈은 현실로 나타난다.

⑫고향의 정원을 생각하여 생환한 장교

6·25 한국전 때 부상하여 포로가 된 I.켄 중령은, 혹독한 포로 생활 중에, 상상 속에서 영국에 있는 자택의 정원을 산책하고 있었다. 포로가 됐다고 하는 어둡고 괴로운 생각 대신에 밝은 희망을 가슴에 안고, 자기 가정에서 사랑하는 처자와 함께 있는 것을 생각하고 있었다. 그 즐거움을 실제로 느끼기까지 했다. 다른 포로가 실망한 속에 죽어 가고 있었지만, 그는 건강하게 생명을 지키고 드디어 영국의 자기 집에 돌아갈 수가 있었다.

만일 곤란한 일이 생기면 마음에 꿈을 그려 그것을 믿으면 된다. 마음이 그 꿈을 구하고 있으면 꿈은 현실로 된다. 사람은 매일 생각하는 바에 따라 지금 여기에 천국天國 아니면 지옥을 만들게 된다. 좋은 것을 생각하면 좋은 것이 생기고, 나쁜 것을 생각하면 나쁜 것이 생긴다.

⑬ 당신의 미래는 당신이 만든다

몇백 년 동안 인간은 자기 외부에 있는 것만을 보면서, 외적인 상황에 의해서 한편 기쁘고 한편 슬프다는 일희 일비一喜一悲를 해 왔다. 자신의 행복도 고민도 모두 자신 이외의 것에 의해서 정해지는 것이라고 믿고 있었으므로, 환경이나 조건이 변할 때마다 원망하기도 하고, 무서워하기도 하고, 후회하기도 하고, 실망하기도 해 왔다. 자기는 운명 · 기회 · 우발적 사고의 피해자이며, 자기의 행복은 모두 자기 이외의 힘이나 압력에 의해서 정해지고 있다고 대개의 사람들이 생각하고 있었다. 사람은 언제나 타他에 의해서 규제되는 것이라는 생각이나, 망상 · 미신 · 걱정 · 악마 · 마법 · 마력 같은 혼란된 생각이 마음속에 가득 차 있었다.

그러나 인간은 창조적인 사고 방식을 가지고 있으므로, 생각하기에 따라서 행복이 되기도 하고, 불행이 되기도 하는 것이 진실이다. 자기의 삶이 모두 외부로부터의 힘에 좌우된다는 등의 틀린 개념을 완전히 버리고, 지금 여기에 천국(조화와 평화)을 만드는 것도 지옥(고뇌와 비참)을 만드는 것도 모두 자기 자신의 힘이라는 것임을 깨달아야 한다.

사람은 자기의 잠재 의식을 적극적으로 작용시킬 수도 있고 소극적으로 작용시킬 수도 있다. 잠재 의식은 정형定型을 가지고 있지 않으며, 인격도 없고, 윤리성도 없으므로, 나쁜 방향으로 나쁜 방향으로 부정적이고 소극적으로 생각하면 잠재 의식은 자동적으로 이 생각에 지배되어, 그 전달된 것을 모습으로 나타내게 된다. 또 사람의 생각이 건전하고 건설적이라면 잠재 의식은 즐거운 경험, 행복한 환경을 만들어 내게 된다. 이는 완전히 원인과 결과의 관계에 있으며, 인과因果의 법칙인 것이다.

그러므로 사람은 생각하고 있는 것에 의해서 천국 또는 지옥을 만들어 낸다. 좋은 것을 생각하면 좋은 일이 생기고, 나쁜 것을 생각하면 나쁜 일이 생긴다. 이를 잊어서는 안 된다. 즉 당신의 미래는 당신이 만드는 것이다.

⑭ 마음에 반하는 생각을 그만둔 사람

머피의 한 친구가 소송 관계 분란에 말려들어 그것이 또 오래 끌면서 큰 손해를 보게 되었다. 변호사는 자신이 없다고 했는데, 그렇게 되면 그는 무일푼이 되어 버린다. 그가 이 일로 마음을 상하며 머피에게 상담해 왔다.

"이제는 살아갈 수 없다. 죽을 수밖에 없다"

고 했다. 머피는 말했다.

"너의 말하는 태도는 극히 비관적인데, 그 태도가 소송을 길게 끌게 된 원인이다."

그는 부정적으로만 말을 사용하고 자기가 실패할 것 같은 분위기를 자기 스스로가 만들어 내고 있었다.

머피는 다음과 같은 간단한 질문을 던졌다.

"만일 이 소송이 너가 원하는 형태로 끝난다면 너는 무어라 말하겠는가?"

"그야 물론 최고로 즐거운 일이지. 이런 즐거운 일은 없다고 하겠지."

표면상으로는 안 되겠다 안 되겠다 하면서도, 마음속에서는 이 소송에 이길 수 없는가 하는 희망이 대답 속에 외로이 차지하고 있는 것을 자기 자신도 알게 되었다. 그래서 머피가 충고한 기도를 활용하게 되었다. '나는

가장 현명한 존재인 잠재 의식의 도움으로 소송에 이길 수 있었음을 진심으로 감사합니다' 하고,

그는 하루에 몇 번이고 이 기도를 했다. 그러면서 곤란한 일이 생기거나 교착 상태에 빠지거나 공포감이 들거나 할 때마다 기도를 더욱 열심히 했다.

그는 비관적 소극적인 태도를 그만두고 마음속 깊이 있는 밝은 감정이 나타내는, 자기는 반드시 이긴다고 속삭였다. 가장 중요한 것은 마음속에 바라는 것을 자기 자신에게 확실히 납득시키는 일이다. 마음속에 진실로 원하는 것을 솔직하게 항상 표현하는 것이 가장 필요한 일이다.

이 친구는 자기가 원하지도 않는 것을 입으로 뱉는 것은 안 된다는 것을 체험했다. 입도 마음도 소송에 이긴다는 것을 진심으로 원함으로써 잠재 의식에 의해 성공하게 되는 것이다. 이 법적인 분쟁은 그래서 그의 승리로 끝나고 재정적 손실을 면할 수 있었다.

⑮ 사랑은 맺게 하고 미움은 갈라지게

한 부인은 남편으로부터 버림을 받지나 않을까 하는 것을 언제나 걱정하고 있었다. 그녀의 걱정은 부정적인

감정이었으며 잠재 의식을 통해서 남편에게 전염되어 갔다. 남편은 이것도 모르고 단순히 그녀가 언젠가는 버림을 받을 거라고 걱정하고 있는 것만이가 그의 마음에 감지되고 있었다.

어느 날 남편이 그녀에게 말했다.

"당신은 나와 이별하고 싶은거지. 꿈속에서 당신이 말하기를 나에게 나가라! 당신 같은 거 필요 없다, 어디론가 사라지라고 했었다."

여기서 그녀는 자기가 걱정하고 있는 사실을 남편에게 털어놓았다. 남편은 그녀의 말을 완전히 이해했다. 거기서 두 사람은 이런 방법을 쓰기로 결정했다. 즉 그녀는 자기 전에 매일 남편이 밝고 생생하며 행복스럽고, 전도가 유망한 사람이라고 상상함으로써 자기의 걱정을 날려 버렸다. 그녀는 사랑하는 마음을 통한 안정과 선의를 남편에게 몇 번이고 베풀었다. 남편이 훌륭한 사랑의 대상자이며 사랑의 성공을 가져올 사람으로 감지되도록 했다.

그녀의 과거의 걱정은 사랑의 마음으로 변해 갔다. 그녀는 사랑은 결혼 생활에 있어서 파괴할 수 없는 결합을 가져온다는 큰 진리를 발견했다.

⑯ 5회째의 결혼

"이번에 또 결혼하면 5회째가 되는데 이번의 남편은 앞 4명보다 더 나쁜 놈, 반드시 2~3개 월 내에 또 이혼할 꺼야"
하고 28세 여성이 머피에게 말했다. 그녀는 전 남편들에게 신랄하게 당해서 화가 나 있었다. 머피는

"허용 정신이 없는 결혼은 당신의 상대로서 언제나 같은 타입을 선택하게 됩니다. 결혼을 거듭할수록 당신의 잠재 의식 속의 분노와 적의敵意는 점점 커져 가므로 남편이 더욱 나쁘게 보입니다"
했다. 그녀는 마음속의 분노와 적의가 변하지 않는 한 그녀의 상대로는 같은 타입의 남자뿐으로, 무의식인 중에 '무리는 무리를 부른다'는 속담대로 끌어당기는 힘의 법칙을 실행하고 있었다. 머피는 그러한 그녀의 마음을 바꾸어 사랑과 평화를 가지고 전 남편들을 용서하고, 그들의 행복을 원한다고 신언토록 했다. 그 결과 그녀의 사랑과 결혼에 대한 사고 방식이 달라지게 되었다. 그녀는 지금까지의 결혼에 대한 동기나 태도가 틀려 있었음을 인정했다. 그녀는 다음과 같은 기도를 했다.

「나는 어딘가에 나를 사랑하며 반겨 줄 한 남성이 기

다리고 있다고 믿고 있습니다. 나는 그를 위해 행복과 평화를 선사할 수 있습니다. 나와 그의 사이에는 사랑과 자유와 존경이 있습니다.」

3주 후 그녀는 치료를 위해 다니던 치과의와 아름다운 우정이 싹텄고, 그는 결혼을 청해 왔다. 일은 그녀의 생각대로 진행이 되었다. 직감적으로 그이야말로 나의 남편감이라고 느끼고 좋아하게 되었다.

⑰ 잠재 의식의 힘으로 백만 장자가 된 사나이

햄버거점을 하고 있는 사나이는 백만 달러의 돈을 모으려고 결심했다. 그는 사업을 키워서 레스토랑을 경영키로 했다. 그래서 고향에도 지점을 내기로 했다. 그는 백만 달러라는 생각에 집중함으로써 그 마음으로 잠재의식을 가득 채워 갔다. 여기서 집중한다는 것이 중요하며, 잠재 의식의 풍부하고 무한한 힘을 이용하자는 것이다. 매일 밤 그는 마음을 안정시키고는 모든 생각을 동원해서 은행에 예금키로 되어 있는 백만 달러에 주의를 집중시켰다. 그의 굳은 상상은 잠재 의식에 깊고 영속적으로 감명을 주었다.

매일 밤 이 상상을 그린 결과 1개 월이 지나서 일이

생기기 시작했다. 그의 야망, 큰 목표, 열의와 꿈에 반한 한 돈 많은 여성이 접근하여 그녀와 드디어 결혼을 하게 되었다. 그녀는 그를 위해 레스토랑을 샀다. 그런데 2~3개 월 내에 대번창을 해서 지점 두 곳을 내고 또 성공을 했다. 그 이익을 가지고 한 석유 회사에 투자를 했다. 이것이 또 적중하여 천장을 모르고 올랐다. 그는 은행에 백만 달러가 넘는 예금을 가지게 되었다.

타인을 위해 돈을 만들려고 하면 돈이 모아진다. 잠재 의식은 자기가 모르는 방법도 잘 알고 있다. 잠재의식에 번영이라는 생각을 주면 그 다음 일은 모두 잠재 의식이 해결해준다. 그러니 자기 마음에 명령을 하면 원하는 대로 되는 것이다.

⑱ 그가 사장이 된 방법

모 회사 사장이 머피에게 서신을 보내 왔다. 거기에는 상상력의 위대한 힘이 주의를 끌게 했다.

「1949년 나는 형들과 사업을 시작했는데, 곧 사업은 완전히 실패하여 파산 위기에 이르렀습니다. 우리는 재건하기로 하여 전국에 세일즈맨을 배치할 만한 대기업을 마음속에 그렸습니다. 나는 마음속의 꿈을 반드시

실현하리라고 확신하면서 큰 공장, 넓은 오피스, 큰 연구소를 상상 속에 만들어 냈습니다. 그 무렵 당신은 나의 큰 지주支柱가 되어 도와주셨습니다. 내가 처음 당신을 방문했을 적에 '사장님'이라고 나를 불러 준 일만큼 나에게 큰 선물은 없었습니다. 당신은 나를 수백만 달러의 자본을 가진 대회사의 사장이라고 소개했습니다. 그때 나는 정신적으로 사장이라는 명칭을 내 것으로 받아들이지 못했습니다. 사실은 그때 형이 사장이었기 때문입니다. 그러나 나는 내가 사장이 된다는 확신을 가졌습니다. 나는 출입문에 내 이름과 사장실이라는 명찰을 걸고 훌륭한 사장실을 미소를 지으며 상상으로 받아들였습니다.

그 후 부사장이었던 형이 회사를 그만두었습니다. 또 그 수개 월 후 사장인 형이 의회에 진출했습니다. 회사를 떠난 형들은 모두 새 직장에서 행복하게 일하고 있습니다. 나는 형들의 좋은 지위를 기원했습니다.

그러고 나서 돌연 정신을 차려 보니 내가 사장이 되어 있었습니다. 1년 반 전에는 전혀 불가능했던 일이 이렇게 실현되었습니다. 현재 사업은 잘 되어 가고 내가 그렸던 꿈보다 훨씬 훌륭합니다.」

나폴레옹은 '상상력은 세계를 지배한다'고 했고, 어떤 이는 '상상력을 갖지 않은 마음은 천체 망원경이 없는 천문대와 같다'고 했다. 상상을 만들어 내는 능력을 상상력이라 하는데, 상상력은 마음의 기본적 기능의 하나로, 아이디어에 옷을 입게 하여 이 지상이라는 스크린에 방영放映하고 있다. 상상력을 적극적으로 훈련·통제·지휘하면 인생에 있어서 원하는 것을 얻을 수 있게 된다. 그러나 부정적으로 사용하면 있어서는 안 될 일만 생기게 된다.

⑲ 어느 시인의 성공

뉴욕의 어느 시인은 아름다운 글을 카드에 인쇄하여 크리스마스에 팔아 왔다. 그의 시는 사랑에 빛나는 보석과 같았다. 조용히 혼자 앉아 있으면 줄줄 꼬리를 물고 시의 글귀가 솟아났다. 마음에 떠오른 대로 적어 가면 그것이 시가 되고 노래가 되고 자장가가 되었다. 그는 어떻게 해서 그러한 아름다운 글을 쓰게 되었는가 하면, 자기가 쓴 시에 의해서 사람들이 큰 감명을 받는 것을 언제나 마음속에 상상하는 것이었다. 이것이 보석이 되었다. 이렇게 해서 된 카드를 팔아서 그는 재산을 모으게 됐다.

현대의 발명, 위대한 작가의 명작 따위도 모두 이렇게 상상력을 활용함으로써 생겨났다.

⑳ 상상력이 아메리카를 발견했다.

콜럼버스는 10대 말부터 아버지를 도와 지중해를 항해하기 시작했는데, 1476년에는 포르투갈 남서쪽 끝 앞바다에서 해적에게 습격을 당해 침몰하자, 널빤지 하나를 의지한 채 헤엄을 쳐서 간신히 살아난 일이 있었다. 마르코폴로의 동방여행기를 읽고 서쪽으로 항해해 가면 동양에 도달할 수 있다는 확신을 가지고, 92년 서쪽으로 서쪽으로 무작정 항해를 계속했다. 쿠바섬에 이르러 이곳을 아시아의 일부로 판단하기도 했지만, 그 후에 몇 번의 항해를 통해 아메리카 대륙을 발견하게 된 것이다. 이 위대한 발견을 하게 된 것은 콜럼버스가 상상력에 따랐기 때문이다. 그의 상상력과 믿음이 그를 승리로 인도했다.

선원이 그에게 물었다.

“모든 희망이 꺼졌을 적에는 우리들은 어떻게 합니까?”
콜럼버스는

"날이 밝아 해가 나오면 이렇게 말하면 되는 것이다. 배여, 달려라, 달려라, 달려라."

여기에 기도라고 하는 것의 열쇠가 있다. 목적에 대해 성실하며, 목적을 향해서의 한걸음 한걸음을 확실히 걸어서 목적만을 단단히 붙드는 것이다. 그러면서 자기에게는 확실한 목적이 보이고 있으므로 반드시 거기에 도달할 것이라고 마음속에 단언을 한다. 이것이 포인트인 것이다.

한 젊은 화학자가 염료染料의 합성에 성공을 했는데, 그의 선배들이 깜짝 놀라 그에게 그 비밀을 물었더니, 자기는 답을 알고 있다고 상상했을 뿐이라고 대답했다. 더욱 다그쳐 물으니, 새로운 염료의 화학식이 숨겨 있는데, 나의 잠재 의식은 그를 발견할 수 있을 거라고 상상했다는 것이다. 그렇게 한 3일째의 밤, 꿈속에 화학 방정식과 제조법이 확연히 나타났다고 했다. 이 성과에 의해서 그는 인정이 되어 많은 선배들을 제치고 중역에 가까운 지위에 승진하게 되었다.

고고학자는 고대의 무덤을 연구하면서 상상력을 작용시킴으로써 몇 천 년 전의 상황을 재구성한다. 죽어 버린 과거가 상상력으로 다시 한 번 살아 나타나는 것이다.

㉑ 기도의 기적

'인생을 어떻게 생각하는가'라는 책을 쓴 영국의 유명한 기술자이며 위대한 과학자인 로슨 F.Lawwon은 2차대전시 한 중령이 이끄는 영국의 1연대가 5년간이나 싸우면서, 한 사람의 희생자도 내지 않았던 이야기를 쓰고 있다. 다시는 깰 수 없는 이 기록은 그 연대의 장교와 사병 전원이 규칙적으로 계속 반복하여 기도를 함으로써 달성된 것이다.

기도는 모든 것을 해결한다. 기도하고 믿음으로써 구원을 받는다. 이렇게 말하면 황당 무계(허황하여 믿을 수 없다)하다고 하겠지만 이 실례는 우리의 주위에 얼마든지 있다. 기도는 세계에서 가장 큰 힘을 가지고 있다. 어떠한 어려운 문제도 어떠한 복잡한 문제도, 어떻게 고뇌의 씨가 큰 문제도 기도에 의해서 모두 해결이 된다. 기도는 인생에 있어서 원하는 것을 생기게 하고, 불가능하다고 생각되는 것도 가능케 하고, 치료할 수 없는 병도 낫게 할 수도 있다. 인류 역사의 어느 페이지를 봐도 기도에 의해 해결되지 않았던 문제는 발견할 수 없다. 동서 고금을 불문하고 종교를 불문하고 우리는 기도의 기적적 힘을 믿어 왔었다.

㉒ 기도가 인종 차별을 타파했다

머피가 군대에 있었을 때 한 병사가 말했다.

"나는 한 의과대학에 들어가려고 했는데, 성적이 좋았는데도 인종과 종교 문제로 불합격이 되었다."

머피는 의식과 잠재 의식의 문제를 꺼냈다. 그는 이해가 되어 자기 잠재 의식은 답을 가지고 있다, 그리고 그 답은 전능이고 소원을 성취하는 방법을 가지고 있다고 깨치기 시작했다. 그 끝에 다음과 같은 실험을 하기로 했다.

매일 밤 자기 전에 자기가 의사로서 자격자라고 적어진 졸업증서를 보고 있다고 생각했다. 그는 상상 속에 이 졸업증서를 손에 넣은 즐거움을 느꼈다. 정신을 통일하고 의사가 되었다는 실감을 느끼도록 노력했다. 실제로 그런 생각이 들었다. 그는 환상의 졸업장을 단단히 잡고 잠에 들었다.

이 병사의 기도의 성과는 흥미 깊은 것이었다. 어느 날 그는 머피에게 말했다.

"무언가 좋은 일이 생길 것 같다. 가까운 시일 내에 어딘가 갈 것 같은 예감이 든다."

이것은 그의 잠재 의식이 '모두가 OK' 하고 그에게 말하기 시작한 것을 나타낸 것이다.

그 후 사관이 그를 불러서 의학을 공부하기 위해서 시험을 보지 않겠느냐고 했다. 만일 성적만 좋으면 군대의 비용으로 대학에 파견될 것이라 했다. 그는 간단히 그 시험에 합격했다. 군의 비용으로 전에 지원했던 학교보다 더 좋은 대학에 좋은 조건으로 입학된 것이다.

여기 머피의 이야기는 아니지만, 기도의 효과에 대하여 머피의 주장에 무게를 실어 주기 위해 하나의 실화를 보태고자 한다. 1998년 지방 의원 선거 때의 일이다. 3명이 출마했는데, 그 중의 한 사람이 절에 찾아와서 기호 2번이 되게 해 달라고 기도를 부탁했다. 어째서 2번이 되려고 하느냐고 물었더니, 시골이라 아직도 문맹자가 남아 있어서 첫 번째 찍으라 하면 끝에 찍기도 하고 끝에 찍으라 하면 처음에 찍기도 하는데, 한가운데에 찍으라 하면 틀림없이 찍는다는 것이었다. 나는 그런 기도도 성취될 수 있을까 하고 속으로는 웃으면서, 소원은 들어 줘야 하니 한번 해보라고 안식구에게 미루었다. 그래서 며칠간을 기도한 결과 추첨 순위 결정에 2번, 기호 추첨에도 2번이 되었다. 정말로 묘한 일이었다. 이는 과학적으로는 설명이 안 된다.

그런데 이 사람이 당선은 되지 못했다. 왜 떨어지게 했느냐고 애석한 심정을 토로해 왔다. 그래서

“기호 2번이 되게 해주라고 해서 소원이 달성되었으면 되었지, 언제 당선시켜 달라고 부탁한 일이 있었는가?”

하면서 서로 웃고 말았다.

(5) 마음 다스리기로 해결

앞에서 말한 여러 방위 대책 외에 또 방법이 있기는 있다. 다소 중복된 감이 있을지 몰라도 그 점을 강조하는 의미라고 해석하면 되겠다.

앞에 말한 여러 방위 대책이 스트레스를 받고 있는 주체인 마음을 다스리는 방법들이지만, 여기서는 마음을 좀 색다르게 직접적으로 다스리는 나의 주장을 주로 한 것임을 밝혀 둔다.

생체에 작용하는 스트레스는 놔 놓고 마음의 스트레스는 마음의 병을 일으키는 것이므로, 이를 방위하려면 마음을 알맞게 다스리면 되는 것이다. 이는 내 주장이

다. 사실 스트레스는 생체에서보다 마음의 스트레스가 진짜 문제가 되는 것이다. 이 마음을 다스리는 방법에 대해서는 나의 수상집(2)에 자세히 설명한 바 있다. 여기에 스트레스와 관련되는 부분을 요약하면서, 거기에 좀 가필코자 한다.

① 마음의 정체

마음이란 지 · 정 · 의知情意의 근원이며, 생각하고 행동하는 정신적 기능, 바로 그놈을 말하는데, 말하기는 이렇게 쉽지만 얼마나 어려운 줄 모른다. 이놈만 붙들어잡으면 되는데, 잘 안 되는 것이 마음이라는 놈이다. 그 정체를 따져 보면

○ 어디에 있는지 알 수 없는 것이 마음이다.

○ 모습이 없어 어떻게 생겼는가 볼 수도 없고, 만질 수도 잡을 수도 없고, 물론 설명할 수도 없다.

○ 크기로 하면 우주를 집어 삼키고, 작기로 하면 못 들어간 구멍이 없고, 고향에 갔다가 미국에 갔다가 자발머리 없다.

○ 있다고 하자니 텅텅 비었고, 없다고 하자니 모든 것이 마음에서 나온다. 그래서 묘하다고 할 수밖에 없

다.

○ 마음이란 원래는 선하고 깨끗한 것이다. 강도질을 하러 간 사람도 우물가에 있는 아기를 보면 안전한 곳으로 옮겨 주고 지나간다.

○ 마음은 여러 형태로 나타난다. 기쁜 마음 · 슬픈 마음 · 괴로운 마음 · 외로운 마음…… 등등

○ 마음은 원숭이와 같이 잠시도 그대로 있지 않고 여러 가지로 변한다. 충신이라고 평소에 칭찬을 아끼지 않았던 신하를 하루아침에 역적으로 몰아 죽여 버린다. 작심 3일이라는 말이 있다.

○ 마음처럼 간사한 것은 없다. 열 길 물 속은 알아도 한 길 사람 속은 모른다. '눈과 귀…… 점 하나까지 그렸지만 못 그린 것은 당신의 다음'이라는 노래도 있다.

○ 무슨 일이든 마음 먹은 대로는 잘 안 된 것처럼 느껴진다. 그러나 장기적으로는 결국은 마음 먹은 대로 되는 일도 많다.

○ 마음은 다스리기에 매었다. 잘 다스리면 편안하고 잘못 다스리면 스트레스를 받게 된다. 잘 먹으면 성공할 수 있고 잘못 먹으면 불행해진다. 거지 마음 거지 되고 도둑놈 마음 도둑 된다. 마음이 죽은 마음이 되면

빨리 죽어 버린다. 병이 있는 사람도 나는 건강하다는 마음을 가지면 병이 낫을 수 있다.

② 욕심을 버리자.

마음이라는 것이 위와 같기 때문에 잘 다스려야 되는데, 마음을 잘 다스려서 편안하게 하고, 스트레스를 받지 않으려면 첫째로 욕심을 버리고 살아가는 것이 중요하다.

욕심이야말로 마음을 괴롭히는 원흉이다. 사랑하는 사람과는 같이 있고 싶고, 미운 사람과는 만나기 싫다. 그렇지만 이별도 있고 만남도 있는 것이 우리의 인생이다. 뜻대로는 안 되는 것이다. 이럴 때면 욕구 불만이 생기고, 스트레스로 이어져 고통이 되고, 병이 생기기도 한다. 지옥과 같다.

괴로움의 근원은 욕구 불만에 있다. 돈과 재산, 지위나 명예 또는 권력, 남녀 관계에 이르기까지 욕심이 차 있으면 괴로움에 빠진다. 뜨거운 감자임을 느끼고 욕구를 놓아 마음을 비우면 천당으로 바뀔 수 있다.

문명의 혜택을 받지 못한 옛사람들은 불편하고 괴로운 생활을 하면서도, 그것을 당연한 일로 생각하고 고통을 참고, 온갖 일이 자기 생각대로 되지 않는다는 것을 잘 체험하고 욕심을 거두었다. 그런데 문명의 이기 속에 사는 것이 습관이 된 현대인들은, 쾌적한 환경에서 지내는 것이 당연한 것으로 생각하면서, 그 욕망은 그칠 줄을 모른다. 돈 · 지위 · 권력을 비롯해서 보석 · 의류 · 차 · 호화 주택 등 바라는 것은 끝이 없으며, 쾌락을 추구할 때의 욕심은 불이 마른 풀을 태우듯이 맹렬하게 타오른다. 이래서는 마음이 편할 날이 없다.

눈이 있어 물질을 봄으로써 자기 집과 이웃집을 비교하여 경쟁의 마음이 생기고, 귀가 있어 소리를 들음으로써 이웃집 아들은 효자요 우리 아들은 불효임을 알고 나니 시기 질투의 마음이 일어나며, 코가 있어 냄새를 맡음으로써 이웃집과 쓰레기통 두는 장소가 다툼의 원인이 되며, 혀가 있어 맛을 봄으로써 맛이 있다 없다 불평이 일어나며, 몸이 있어 촉감을 느낌으로써 덥다 춥다 하고 불쾌감을 호소하며, 마음이 있어 여러 가지를 생각함으로써 근심 걱정하여 우울하게 된다. 이것이 우리 세상살이의 실태다.

여기서 마음을 비워, 눈으로 보지만 안보고 보아도 본체만체, 귀로 듣지만 안 듣고 들어도 들은 체 만체…… 하면 비교 경쟁심 · 시기 질투심 · 근심 걱정 따위는 일어나지 않으며, 다투거나 불평하거나 불쾌하거나 우울할 것도 없다. 고통을 벗어나서 상쾌한 나날을 보낼 수 있다.

또 공직에서 좌천이 되더라도 욕심 때문에 비관 낙심하거나 분개하거나 말고, 기분 전환이다, 이 때가 찬스다, 새로 공부하자, 힘껏 해서 인정을 받자……. 이렇게 하면 즐거움과 행복과 성공의 비결이 바로 여기에 있다. 행복과 불행의 갈림길이 되는 것이다.

부자가 되기 위해 돈을 얻는 방법은 많지만 그 모든 방법이 순조롭게 이루어지기는 어렵고, 그것을 행하자면 경쟁과 투쟁이 벌어지고, 만족하게 얻어지지 못하면 괴로움에 빠진다. 이 괴로움에서 벗어나려면 부족하다는 욕심에서 과감하게 박차고 나와, 자기의 가진 것에 만족해야 한다. 여기서 만족하면 부자요 부족하면 가난뱅이다.

③ 편견과 집착을 놓자

살다 보면 마음을 어디에 머물게(住) 하느냐에 따라 사태가 180° 달라져서, 행복이 되기도 하고 불행이 되기도 한다.

부자父子 거지가 가다 보니, 한 마을에서 집이 불타고 있었다. 아들이 "우리는 집이 없으니 저런 걱정 하나는 없어욘이!"
하니, 아버지가
"그것도 다 이 애비 덕택인 줄 알아라"
했다. 집 없는 것이 좋을 리가 없지만 보는 각도에 따라서는 집 없는 것이 행복이고, 집 없는 것을 자랑할 수 있으니 알아 둘 일이다. '무자식 상팔자'라는 말도 무자식이 상팔자일 리가 없지만, 보는 각도에 따라서는 자식 없는 것도 도리어 걱정됨이 없이 편할 수도 있다. 마찬가지로 가난뱅이는 도둑 걱정이 없어 마음이 편하다.

집신 장수와 나막신 장수의 두 아들을 둔 어머니가 날씨가 좋으면 나막신 장수 아들 걱정, 비가 오면 집신 장수 아들 걱정을 해서 날마다 징징거렸다. 이것도 달리 생각해보면, 날씨가 좋으면 집신 장수가, 나쁘면 나막신 장수가 장사가 잘 돼서, 이러나 저러나 날마다 기쁘고 좋은 날이 될 수도 있다.

옛날 목포 떡 장수가 떡을 한 말 하면 비가 오고, 한

되만 하면 날씨가 좋아서 날마다 징징댔다. 이 떡 장수는 날씨가 좋은 때 한 말을 하고 비가 올 때 한 되를 해서 팔았던 사실은 까마득하게 잊고 있는 것이었다.

세상 일은 새끼 꼬기와 같아서, 위아래가 교대해서 행복과 불행이 교차되는 것이다. 외곬으로 한쪽만 보지 말고 그저 그러러니 하며 전체를 봐야 한다. 편견偏見을 경계하고 사실을 바로 보며 살아야 한다. 외눈박이들이 사는 마을이 있었는데 자기들 마을에 온 두눈박이를 보고 병신이라고 했다. 자기들 위주의 편견을 가지고 봤기 때문이다.

욕구가 충족되지 않을 때 마음 쓰기를 '내가 하려면 안 돼', '나는 재수 없어', '내 복에 무슨……' '나는 불행해' 하면서 열등감을 갖기도 하는데, '나는 나는' 하는 편견과 집착을 갖지 말고 전체를 바로 봐야 한다.

버스를 타려고 집에서 막 나오다 보니 저기 버스가 출발한다. 이럴 때 흔히 '나는 역시 재수없어, 내 복에 무슨……, 조금만 빨리 나왔더라면 탈것을……' 한다. 아니다. '그 버스는 내가 탈 차가 아니었어, 내 차는 아직 멀었어, 너무 빨리 나왔어' 해야 옳다.

버스를 기다리다 보면 건너편의 반대 쪽으로 가는 차

는 자주 오는데, 이 쪽은 기다려도 기다려도 오지 않을 때가 있다. 이 때는 기가 막힌다. 그러나 잘 생각해보면 어쩌다 길이 막혀서 못 오고 있는 거지, 사실은 저쪽이나 이쪽이나 장기적으로 보면 똑같은 공평한 것이다. 사실은 그렇지 않는 것을 욕심과 편견과 집착에 가려 잘못 인식되는 수가 있다. 이런 것은 바른 해석으로 해소시킬 수 있다. 괜히 불행한 쪽에 마음을 두고 집착하지 말아야 한다.

사람들은 '나'라는 상, 즉 아상我相이 있어서 '나는 부자다', '나는 위대하다', '나는 이런 일을 할 수 있다', '나에게는 해당 안 된다' 한다. 이런 것도 알고 보면 욕심과 편견과 집착 때문인데 '나'를 다스려서 '나'를 없애가야 한다. 그렇지 않으면 가령 '나는 가난하다' 하고 느끼게 될 때는 스트레스를 받게 된다.

친구가 잘된 것을 축하하면서도, 친구의 집을 보고 좋다고 하면서도 초대 받은 음식이 맛있다 하면서도 ,……………, 입에서 나오고 있는 말과 속마음은 달라서 스트레스를 받고 있는 수가 있다. '나'가 있어 속마음에 시기 질투심 같은 것이 숨어 있기 때문이다. '나'를 버리고 내 마음과 같은 말이 나와야 한다.

흰 수염이 한 자나 되는 도인에게 밤에 잠잘 때 이불 속에 수염을 넣고 자느냐 내 놓고 자느냐 물었다. 도인은 대답을 못하고 오늘 밤에 자 보고 대답해주기로 했다. 그런데 그날 밤 넣고 자 봐도 시원찮고, 내 놓고 자 봐도 시원찮고 하다가 결국은 잠을 이루지 못하고 말았다. 평소에 '나' 없이 살다가 '나'를 찾으려 하니 잡념이 일어나서 잠을 못 잔 것이다. 속을 비우면 편안해지는 것을 알 수 있다. 이와 같이 '나'라는 편견이나 집착을 버리도록 마음을 다스려 가야 한다.

④ 마음을 바꾸자

사람이 마음을 바꾼다는 것은 대단히 어려운 일이지만, 스트레스 해소를 위한다면 그 만큼의 노력을 해야 한다.

못된 것은 생각하지 말고, 잘되는 것만 생각토록 해야 한다. 예컨대 시합에 패했으면 빨리 그리고 깨끗이 잊어야 하고, 앞으로 승리할 일만 생각한다. 시합에 이기면 심신의 피로는 깨끗이 달아난다. 그래서 우선 이겨 놓고 볼 일이다. 일도 그렇다. 밤늦게까지 일한 결과 장사가 잘 되면 마음이 즐겁고 가벼워지지만, 잘 안 됐을 때는 걸음도 무거워진다. 그러므로 스트레스를 없애는 길은 첫째는 성공하는 일이고, 둘째는 실패를 했다면 빨리 깨끗이 잊고 마음을 바꾸어야 한다. 마음의 스트레스를 없애는 특효약은 성공하는 일인데, 세상에는 반드시 성공만이 기다리고 있지 않으므로 실패에는 마음에서 실패를 지우는 것이 중요하다. 야구의 명선수는 기분 전환이 빠르다고 한다. 실패의 기억을 지우고 새로운 찬스에 눈을 돌린다. 그렇게 함으로써 실패하는 원인에서 생기는 마음의 피로를 되도록 지울 수 있게 된다. 바둑의 고수도 실패하면 승부가 끝난 순간 잊어버린다. 그럼으로써 다음 시합을 위해 마음을 집중시키고 훈련을 해서 승리를 가까이 오게 할 수 있다.

다음으로는 안 되게 되어 있는 것을 마음에 두고 쓸데없는 헛수고는 말 것이다. 마음에 두고 생각한다고 해서 해결이 되지도 않는다. 또 수고를 했는데도 실패를 하면 허탈감을 비롯한 마음의 피로는 크다. 정력의 낭비도 된다. 그러한 정력이 있다면 더 유용한 곳에 사용해서 성공을 하면 된다. 어떤 사람은 해결이 안 될 일을 생각하고 있는 이 헛수고를 소시지 제조기의 속을 들여다보고 있는 것과 같다고 했다. 그대로 두고 있으면 소시지가 잘 제조돼 나오고 있는 것을 속을 들여다 보고 있다고 해서 더 좋게 잘 나올 리는 없는 것이고, 속에는 기계밖에 없다. 또 어떤 이는 아무도 없는 방에서 돌고 있는 선풍기와 같다고 했다. 헛수고를 하는 것은 생산성은 없고, 마음의 피로를 가져올 뿐이다.

다음 또 효과를 바랄 수 있는 것은 여가 선용을 하면서 취미 생활을 하거나 관광 등으로 기분 전환을 꾀해야 한다. 나는 스트레스를 생각할 시간을 빼앗아 여가 선용으로 독서를 하거나 그렇지 않으면 이러한 글을 쓰고, 오후에는 나가서 2시간 정도 바둑을 둔다. 그 시간 동안은 모든 것을 잊고 마음을 안정시킬 수 있다. 정신통일을 기할 수도 있다. 관광은 모든 사람을 즐겁게 만든다. 갔다 오면 스트레스는 나를 무서워해서 달아나 버렸을 것이다.

우리가 불안으로부터 벗어나는 또 하나의 길이 있다. 미국의 예일대학 모교수는 사람 얼굴의 여러 근육에 전극電極을 달고, 불안한 마음을 갖게 했더니 얼굴에 주름이 생기고 얼굴이 긴장되었다. 반면 밝은 생각을 갖게 했더니 볼 근육이 이완되었다. 그래서 이번에는 반대로 얼굴 근육에 불안했을 때의 표정을 지으면 마음에 불안이 생기고, 얼굴이 펴지게 하면 마음의 불안이 없어져 밝아지는 것을 조사했다. 그 결과 우리 얼굴을 변화시킴으로써 마음속을 컨트롤할 수 있다는 것을 알게 되었다. 얼굴 표정을 밝게 하면 마음의 불안은 없어진다. 그러므로 좋은 방법이 생겼다. 얼굴이 밝아지도록 웃으며 살면 스트레스는 없어진다. 웃음이 나오지 않아도 좋다. 거짓 웃음으로라도 얼굴을 밝게 하면 된다. 웃음에 대해서는 다음에 또 말할 것이다. 또 만일 불안이 생기면 불안하지 않았을 때의 행동이나 얼굴 표정을 하면 된다. 그러면 이것이 마음에 작용해서 불안이 해소되고 밝아진다.

스트레스로부터 마음을 바꾸는 또 하나의 길은 꽃이나 분재 그리고 예술품을 감상하는 방법도 있고, 춤을 추면 효과가 크다. 설명은 생략하겠다.

만일 미운 사람이나 보기 싫은 자가 있거든 그 사람 얼굴을 그려 놓고, 그 밑에 그 사람 이름도 써 놓고 높은 데 모셔서 매일 그 앞에서 '감사합니다' 하고 큰 절을 하고 있으면 된다. 그러면서 마음을 고쳐 먹기를 '내가 나빠서 당신이 나빠지고 미워졌어, 나부터 고쳐야 해!' 하고 거듭하고 있으면 차차 '나'가 달아나서 미운 감정이 없어지게 되는 것이다. 화가 나면 '내가 나빠! 내 욕심 때문이야!' 해야 된다. 그러면 스트레스는 일으키지 않게 된다.

⑤ 웃으며 살자

많은 사람 중에는 낙천가도 많다. 그들은 좀처럼 스트레스를 받지 않는다. 스트레스를 받을 만한 일이 생기더라도 낙천가는 잘 소화할 수 있다. 그리고 스트레스를 받을 만한 일을 놓고 거기서 벗어나는 것도 한 가지 묘책인데, 낙천가는 이 방면의 명수여서, 예컨대 스트레스는 돈에 관계되는 경제적인 일에서 많기 때문에, 월급을 받으면 자기 잡비만 가지고 나머지는 송두리째 부인에게 넘겨서, 일체 관여하지 않고 재산 운영을 맡겨 버린다. 그러면서 매일 웃으며 살고 있다.

웃으면 복이 온다고 했다. 웃고 지내면 안 늙고, 성내고 지내면 빨리 늙는다고도 했다. 그러니 매일 싱글벙글하고 살자. 그러면 그것이 천당이요, 극락인 것이다. 그런데 웃을 때 한 가지 꼭 주의할 일은 잘못하면 사람들이 보고 미쳤다고 한다. 나도 그렇게 당한 일이 있다. 1995년의 일이다. 나의 친고모를 비롯해서 주위의 모두가 나를 미쳤다고 했다. 옛날에는 입이 무거워서 묻는 말도 대답이 없던 사람이 저렇게 웃는 것을 보면 미쳐도 단단히 미쳤다는 것이다. 아무리 안 미쳤다고 해도 믿지 않고 나를 가까이 대하지 않았다. 그래서 내가 쓴 책을 공짜로 나누어 주면서, '미친 사람이 어떻게 이런 책을 쓸 수 있겠소? 내 말을 듣고 싱싱한 사람이라고 확인해주시오' 하면서, 설득시킨 결과 오해에서 벗어나는 데 3년 정도 걸렸다.

그렇게 미쳤다는 말을 듣는 한이 있더라도 웃기만 하면 보약이다. 되도록이면 목이 터질 정도로 세상이 깜짝 놀랄 정도로, 미친듯이 박장 대소하며 배꼽을 움켜쥐고 방바닥을 굴러다니면 특효 단방약이 될 수 있다. 거짓 웃음이라도 좋다.

항상 웃으며 살고, '복 없는……'하면서 찌푸리지 말고, '재수없는……' 하지도 말고, '나는 마음의 부자다' 하고 만족하면서 거지 마음을 버리고, '나는 행복하다' 하면서 스트레스를 추방하자.

⑥ 마음에 숨은 힘을 이용한 지혜

마음속에 숨어 있는 힘을 이용하여 스트레스를 해소

하자는 것이다.

프로 야구 선수 중에는 극적인 장면에서 홈런을 쳐서 사람을 놀라게 하고 즐거움도 주는 일이 있다. 이 비결을 묻자

"지난 밤에 내일의 시합을 생각하면서 홈런을 쳐서 일주하는 모습을 상상해 봤더니 그것이 실현되었다"

고 대답했다. 또 한 선수는

"신체가 반응한다. 색다른 힘이 쳐 준다고나 할까. 긴장감이 나도 모르게 그런 힘이 된다"

고 했다.

이와 같은 일은 응축된 생각(念)이 그 생각한 대로 사태를 실현시키는 힘이 있다는 것을 나타내고 있다. 염念이란 마음의 힘이다. 마음에는 과학에서 말하는 '정신'의 작용 이상의 힘이 간직되어 있는 것이다. 그렇다면 마음이란 무엇인가? 마음과 정신과는 같은 것인가, 다른 것인가? 정확히 말하면 의학醫學에서 말하는 마음 작용을 '정신'이라 하고, 종교에서 말하는 마음을 '마음'이라 부르는 것이 옳을 것 같다.

마음과 정신이 같은 것인가 하는 의문을 생각하는 데 있어, 최초로 등장한 이는 프랑스의 철학자이면서 수학

자 데카르트R. Descartes이다. 그는

"나는 생각한다. 그러므로 나는 존재한다"

고 하는 유명한 말을 했다. 생각하는 주체主體는 마음이고 이것과 신체는 별개라고 생각했다. 현재의 과학자 중에도 이런 생각은 살아 있어서 그들은 마음과 뇌는 별개라고 한다. 그러나 마음이란 뇌의 작용에 불과하다고 생각하는 학자도 있다.

데카르트는 조금이라도 불확실한 것은 모두 의심해 보아야 하는데, 세계의 모든 존재가 의심스러운 것이라 하더라도 의심을 하고 있는 자신의 존재만은 의심할 수가 없다고 해서 위와 같이 말했다. 또 데카르트는 정신은 사고하는 것뿐이므로, 다시 말해 신체 없이도 존재할 수 있기 때문에 정신과 신체, 즉 마음과 뇌는 다르다고 했다. 심신의 신체적 구별이 확정된 것이다.

다시 야구 선수 이야기로 돌아가서, 그 홈런을 극적으로 친 사람을 감독을 시킨 결과는 극적으로 승리하지는 못했다.

마음의 힘으로 일을 실현시키는 대에는 또 다른 큰 힘이 필요한데 그것은 자신自身이다. 마음에 숨은 힘을 이용하는데 있어서는 그 힘이 있다는 것을 믿는 것, 즉 자신이 꼭 필요하다. 자신이 없으면 그 힘은 발휘되지 못한다. 앞의 야구 선수의 경우, 선수로서는 초일류로 그만큼의 자신이 있었기 때문에 극적인 장면에서 홈런을 쳤지만, 감독이 되어서 사람을 부리는 입장으로 변한 다음부터는 마음속에 감독으로서의 자신이 붙지 못했으므로, 마음 먹은 대로 성적이 오르지 못한 것이다. 이러한 자신은 물론 실력이 있는 사람에게 갖추어진다. 실력이 없으면 자신은 생기지 않는다. 또 그 사람에게 실적이 있어야 자신이 생긴다. 그리고 자신을 갖기 위한 또 하나의 중요한 요소가 칭찬이다. 칭찬을 받으면 실력 이상의 힘이 생긴다. 다시 말하면, 마음에는 숨은 힘이 있어 극적인 장면에서 그 힘이 발휘될 수 있으나, 거기에는 반드시 실력과 실적과 주위의 칭찬에 의한 자신이 있어야 한다는 것이다.

말의 전제가 길어졌지만, 그래서 스트레스를 받았을 때에는 마음속의 숨어 있는 힘을 이용하여 스트레스를 해소하면 되는 것인데, 거기에는 자신이 반드시 필요한 것이니, 자신을 가지라는 것을 야구 선수의 보기를 들어 우회적으로 말해 왔다. 자신을 가진다는 것, '나는 안 된다'며 생각하고 말하고 하면 인생은 그 생각대로 비참하게 되는 것이며, 반대로 '반드시 잘 된다' 하고 생각하고, 자신을 가지고 잘 되었을 때의 일을 생각(想念)하고 있으면 불가능한 일이라도 가능해질 수 있다는 것이다.

다니구치谷口는 말하기를, 우리의 오감五感의 바탕에는 실상實相의 세계가 있어서 이 세계는 우리의 마음과 연계되어 있으므로 일체一體라고 볼 수 있어, 우리의 마음에는 무한의 힘, 끄어내면 얼마든지 사용할 수 있는 신적神的인 힘이 있다고 했다(여기 마음이란 마음 깊숙이 있는 잠재 의식을 뜻함). 그래서 이 힘을 사용하는 데에는 먼저 실상의 세계가 있다는 것을 믿고(자신), '마음속에 숨어 있는 위대한 힘이여 나오라' 하고 염念하면 된다는 것이다. 모든 문제는 이렇게 해결할 수 있다.

이상 말한 것은 머피의 방법과도 상통되는 점이 있다.

⑦ 마음은 신체를 지배한다.

10년 전의 스트레스도 신체를 손상시킬 수 있는 무서운 것이다. 그리고 마음은 신체를 지배할 수 있다. 우리의 마음은 건강과 직결되는 것이다.

하버드대학의 모 교수는 1940년대에 이 학교에 입학한 학생 204명에 대해서 40년간 추적 조사를 했는데, 그들의 건강 상태 · 생활 환경 · 경제 상태 등을 판정한 결과 얻은 것은

○ 40세경에 정신 상태가 나빠진 자는 50세대에 건강을 해친 자가 많다(이것은 10년 이상 전의 정신 상태가 건강에 영향을 준다는 뜻).

○ 졸업 후 일감이 잘 잡히지 않았거나 가정 불화 등의 문제가 있는 자는 건강을 해치는 일이 많다.

○ 이혼을 하거나 배우자와 사별을 한 자는 병에 걸리기 쉽다.

이상의 결과는 정신과 육체의 관계를 잘 보여 주고 있다. 이와 같이 우리의 건강은 그에 앞선 몇 년간의 정신 상태 · 가정 · 일감 · 직장 등의 영향을 크게 받고 있다는 것이다. 즉 마음은 건강과 깊은 관계에 있다는 말이다.

마음의 상태는 병에 대한 저항을 좌우하고 있다. 1974~1984년의 10년간 런던에 있는 모 병원에서 69명의 암 환자에 대해서 심리 상태와 재발률 등의 관계를 조사하는 연구가 있었는데, 여기서 주목되는 것은 암

선고를 받고 절망적으로 된 자는 5년 후 80%가 사망했는데, '암 따위에 질 내가 아니다' 하고 암과 싸우는 자세에 있는 자와 '나는 암일 리가 없다' 하고 부인하는 자는 5년 후 20명중 2명만 사망했다. 이렇게 마음의 상태는 병에 대한 저항력을 좌우하고 있다.

나도 위암 수술을 한 후, 내가 이대로는 죽을 수 없다, 기어코 나는 암을 이겨 내야겠다는 일념으로 건강을 회복한 사람이다.

1981년 스탠퍼드대학 모 교수는 암 환자의 연명延命에 관한 연구를 했는데, 정신 요법을 병행한 환자는 3년 후 40%가 생존했고, 7년 후에는 10%가 생존했다. 그런데 이 요법을 병행하지 않았던 환자는 3년 후에 거의가 사망했었다.

내가 잘 아는 한 사람은 처자식을 두고 이혼 비슷하게 시골 본가에 살게 하고 별거하면서, 또 한 여자를 만나 아들까지 생겼다. 그러고선 그녀는 죽을 병에 걸렸다. 그래서 별 수 없이 죽으라고 놔 두고 혼자서 떠돌이 하숙 생활에 들어갔다. 그런데 묘한 일이었다. 가만 두고 있던 그녀는 죽을 병을 이겨 내고, 17년을 버틴 끝에 아들을 결혼시키고 나서, 목표를 달성했으므로 그

때는 안심하고 숨을 거두었다. 여자의 집념은 무서웠다.

서양 의학은 과학이다. 그런데 과학 이상의 묘한 힘이 있을 수 있고, 의학의 상식이 뒤집히는 일이 있다. 암이라는 가장 겁나는 병도 마음가짐으로 해결할 수 있으니, 마음은 신체를 지배한다고 단정할 수가 있다.

암은 이상 세포의 증식으로 이루어진다. 이 때 당연히 신체의 면역 기구는 이상 세포의 번식을 막아 암을 배제하려 한다. 그런데 이 면역 기구에는 그 사람의 마음의 상태가 크게 영향을 주는 것이다. 이 면역 기구는 임파구球로 이루어져 있는데, 정신적 스트레스와 임파구와의 관계를 조사해 보면, 그 결과는 배우자를 잃은 자의 임파구는 작용이 저하된다는 것, 암 말기의 처를 가진 자의 임파구는 저하되는데 처의 사후死後 1~2개 월에는 심하게 작용이 저하됨을 알았다. 즉 처가 병이라는 것이 남편의 마음에 스트레스를 주어 남편의 임파구 기능이 저하되어 있는 것이다. 대개 처가 사망하면 많은 남편이 2년쯤 후에 사망하는 일이 많은데, 이는 위에 말한 원인 때문으로 알려져 있다. 그러므로 마음을 잘 다스려 스트레스를 방비해야 한다.

위의 현상을 더욱 노골적으로 나타내는 연구가 K 박사에 의해 행해졌는데, 의학부 학생의 시험에 있어서 시험 1개월 전, 시험중, 시험 후를 조사한즉 내추럴 킬러 세포(NK 세포, 자연 살해 임파구)라는 암 세포를 살해하는 임파구의 기능이 시험 전에는 조금 저하되고, 시험중에는 극단으로 저하되고, 시험 후에는 정상으로 회복되었다.

또 학생이 고독할 때, 스트레스가 많을 때는 NK세포의 기능이 저하되는 것도 알게 되었다. 이를 종합해보면, 시험으로 마음이 불안해지거나 고독하거나 스트레스가 많을 때에는 임파구의 기능이 저하되어 병에 대한 저항력이 약해지고, 암 같은 세포를 조기에 발견 살해해서 암의 진행을 저지하는 역할을 하기가 어렵게 된다는 것이다. 마음이 스트레스 극복에 얼마나 중요하며 또한 병과 관계가 깊은가를 알 수 있다.

마음이 나쁠 적에는 안색도 나쁘고 식욕도 떨어지는데, 마음이 좋을 때는 눈빛이나 안색도 좋아진다. 이와 같이 우리의 신체 기능은 마음의 영향을 한없이 받고 있다. 그러므로 마음을 평온하고 밝게 다스리는 것은 건강 유지에 가장 중요하다.

(6) 스트레스와 신앙 생활

① 왜 신앙 생활이 필요한가

이 세상에는 소박하고 단순한 믿음으로부터 매우 차원 높은 교리 체계를 갖춘 고등 종교에 이르기까지 많은 신앙 형태가 있다. 그 중에서 약 2,600년 전에 시작되어 현재 약 2억5천만 명의 신도가 있는 불교와 2,000년 전에 시작되어 10억의 신자를 거느리고 있는 기독교, 그리고 1,400년 전에 시작되어 6억의 신자가 있는 이슬람교를 3대 종교로 꼽을 수 있다.

이러한 종교들은 인간의 삶에 기여한 바가 크다. 종교마다 그 교리나 실천 내용의 차이에 따라 다르겠지만, 대체로 그 추구하는 바는 비슷하다. 즉 인간은 필연적으로 죽는다는 데에서 오는 불안·공포, 그리고 질병·재난·빈곤·좌절 등 현대에서의 고통을 덜어 주고 마음의 편안함과 행복감을 누리게 해주려는 것이 종교다.

종교는 인간이 감지하거나 이해할 수 없는 신묘神妙한 면이 있으며, 불가사의하고도 신비로운 힘을 가지고 있는 것이 사실이다. 일반인으로서는 이해될 수 없을지 모르지만, 신앙 생활은 이러한 신비로운 힘이 작용하여 앞에 말한 모든 고통을 덜어서 마음의 평온을 찾게 해 주고 있는 것이다. 그러니까 쉽게 말해 스트레스의 해소에는 특효약이라고 해야 옳을 것 같다.

아무리 인지人智가 발달하고 과학 문명이 고도로 발전해도 그것들은 인간의 근본적 고뇌는 해결해주지 못한다. 오히려 앞에서 말한 바 있지만, 사회가 복잡 다양해짐에 따라 새로운 현대적 고뇌가 더해 갈 뿐이다.

따라서 인간의 근본적인 고뇌의 해결을 물질 문명에서는 기대할 수 없으므로, 신앙 생활에서 찾아야 한다는 답이 나오지 않을 수 없다. 현대인이 바라는 것은 자동화된 편리함보다 정신적인 안정을 기할 수 있는 스트레스의 방위에 있다고 봐야 한다.

우리가 종교를 믿는 목적은 첫째로 행복한 삶을 살아보자는 것이고, 둘째는 죽을 때에 분명히 문제를 안고 있는데, 그때의 문제를 해결해보자는 것이라고 나는 생각한다. 사람이면 누구나 행복하게 사는 것이 소원이다. 불행을 원하는 사람은 이 세상에는 없을 것이다. 지옥이냐 천당이냐 하는 것은 죽어서만 있는 것이 아니라 살아서도 마음속에 있고, 현실 세계에서 있고, 죽는 순간에도 있다. 그러니 살아 있을 때에 마음이 천상天上에 놀고, 현실 생활을 천인天人같이 살고 있다면 이 사람이야말로 행복한 사람인 것이다. 우리는 이렇게 살아야 한다. 그러기 위해서 우리는 신앙 생활을 하고 있는 것이다.

② 신행 생활을 하면 어떻게 되는가

어떤 종교에서는 믿기만 하면 신神에 의지하여 천당에 갈 수 있다고 하지만, 내가 알기로는 자기 스스로가 자기의 문제를 해결하기 위해 수행修行 정진精進을 해야 된다. 즉, 신信 해解 행行 증證이라 해서, 믿고 이해하고 수행을 해서, 그럼으로써 증득證得이라, 목표했던 행복도 천상天上도 얻어 내는 경지가 되는 것이다. 그러니까 반드시 수행 정진이 있어야 되는 것인데, 수행 정진의 실천 방법으로는 불교에서의 보기를 들어 말하면 간경看經·염불念佛·송주誦呪·기도祈禱·참선參禪이 있다. 그래서 이러한 수행 정진을 하는 가운데, 알게 모르게 앞에서 말한 신앙 생활의 목표인 행복이나 천상을 얻는 데에 한걸음 한걸음 가까워지면서, 거기에 수반하여 스트레스 문제가 해결되어 가게 된다. 이러한 수행 정진을 하고 있으면 마음이 깨끗해지고 안정이 되고, 밝은 지혜가 싹터서 하는 일이 순조로워지며, 번뇌가 사라지고 마음의 열쇠가 열려 스트레스는 받지 않게 된다.

전기가 내 방에까지 와 있지만, 스위치를 넣지 않으면 불이 켜지지 않고 TV는 작동되지 않는다. 마찬가지로 수행 정진도 스위치에 해당하여, 수행 정진을 하면 나와 신불神佛이 하나가 되는 순간에 전기 불이 켜지듯이 그 공덕이 생기는 것이다. 그것이 수행 정진을 한 효과에 해당한다.

수행 정진 중의 기도는 모든 종교에 공통적인 것 같다. 빌기 · 빌도해서 기도인데, 손 모아 빈다고 할 수도 있고, 마음을 비운다고 말할 수도 있고, 어떤 힘을 빌린다(도움을 힘입다)고도 할 수 있다. 마음을 비워야 손 모아 빌 수가 있고 손 모아 빌고 있으면 마음은 비워지고 있는 것인데, 마음을 비우게 되면 스트레스는 받아지지 않고, 있었던 스트레스도 추방이 된다. 사람의 정신력은 신비스럽다고 해야 옳은 것 같다. 어떤 일에 대한 사람의 집중력은 특수 능력을 발휘한다. 기도도 그런 것이다.

정말로 묘한 일이다. '입학 시험에 합격시켜 주라, 취업시켜 주라, 사업이 잘 되게 해주라, 남편이 도박에 미쳤으니 손떼게 해주라, 아들이 바람이 나서 집안 살림을 망치고 여기 저기 빚을 졌는데 바람기를 잡아 주라' 하고 열심히 기도를 하면 그대로 성취가 된다. 이 사실을 어떻게 과학적으로 설명해야 될지 모를 일이다.

기도는 기원祈願이라고도 하며, 신불神佛의 가피력加被力(힘을 줌)을 빌어(얻어) 재앙을 없애고 복이 늘도록 비는 것이다. 기독교에서는 기도가 중시됐지만 불교에서는 본래 없었던 것을 서원誓願 · 본원本願 사상이 생기면서, 자신이 지은 공덕을 남에게 베풀어 줌으로써 복을 받게 된다고 생각하게 되어, 후대로 내려오면서 기도를 하게 되었다.

예컨대 앞 못 보는 봉사의 개안 수술을 위해 평생을 바치겠다고 스스로 다짐을 하고 기원을 했다면 이것이 곧 서원이며 본원인 것인데, 이 서원 · 본원에 따라 개안 수술을 위한 성금을 모으고 수술을 주선하고 하는 일은 공덕을 짓는 것이며, 이런 노력으로 개안 수술을 받고 빛을 본 사람이 고마워하고, 주위 사람들이 칭찬해주는 것을 자신의 공덕으로 삼지 않고 도와준 모든 사람의 공덕으로 되돌려 주는 것을 회향回向이라 한다. 이렇게 함으로써 그 주변 사람들의 괴로움을 덜어 주고 즐거움을 얻게 됨으로써 나도 행복해지는 것이다.

이 세상의 모든 것은 서로 의지하고 서로 관련되어 존재하고 있으므로 나 혼자만은 살 수가 없다. 다른 사람이 행복하면 나도 행복하고 다른 사람이 불행하면 아무리 나 혼자 불행해지지 않으려고 해도 불행해지고 마는 것이다. 그래서 기도할 때는 자신의 잘못을 먼저 참회하고 나서 발원 기도를 하라고 가르치고 있으면서, 기도는 나 개인보다는 남을, 더 나아가 국가와 전 인류의 행복을 기원하고 나서 자신의 행복을 기원해야 한다. 아무리 개인적인 기도라도 먼저 나라가 태평하고 모든 이웃이 편안하라고 빈 다음, 자신의 행복을 기원하는 까닭도 바로 이런 데 있는 것이다. 이렇게 살고 있는 사회에는 서로가 스트레스를 느낄 리가 없다.

신앙 생활에 있어 기도는 매우 중요한 의의가 있다. 자신의 해이해진 믿음을 다지고 확인하는 기회이기도 하다. 그것이 스트레스를 방위하는 기반이 되기도 한다.

어느 종교이고 참회하는 것을 행하고 있다. 자기가 지은 잘못이나 허물을 뉘우치는 일이다. 먼저 뉘우치고

기도하라고 했었다. 일반인들은 무엇이 잘못되거나 마음이 상하게 되어 스트레스를 받을 일이 생기면 그것을 먼저 타인이나 세상사의 탓으로 여기는데, 신앙 생활을 하고 있는 사람은 평소에 참회하는 학습이 되어 있기 때문에, 모든 잘못됨을 먼저 자기의 탓으로 돌리고 있어서 스트레스를 덜 받게 된다. '내가 잘못했어, 내 탓이야!' 하면 우선은 마음이 상하지 않는 법이다.

기도와 더불어 염불을 매우 중요한 신행 방법으로 여기고 있는데, 염불을 하는 것은 부처의 명호名號를 똑똑히 불러서 흐트러짐이 없도록 마음을 안정시키고, 믿음으로 귀의歸依하여 자신의 소원을 비는 행위다. 염불이 자극하여 무아無我의 경지에 이르는 것을 염불 삼매三昧라 한다. 방대한 교리敎理를 다 공부하기가 어려운 것이며, 공부한다고 해도 일반인으로서는 그 심오한 뜻을 헤아리고 깨치기 어려운 것인데, 염불의 장점은 오직 부처의 명호를 외우는 것만으로도 공덕이 되는 것이니, 스트레스의 해소 방법으로 아주 쉬운 방법의 하나가 되는 것이다. 예컨대 '관세음 보살'하면 된다.

우리에게 어떠한 욕구가 있을 때 그 욕구를 종교에 의지함으로써 만족시키고자 하는 것이 인간이다. 종교가 믿음의 대상으로서 존중되고 있는 것은 구원救援을 받으려는 데 있다. 가령 관세음 보살은 세상 사람들의 소리를 들어준다는 뜻이다. 그래서 구세救世 보살이라고도 한다. 어떠한 괴로움 속에서도 단 한번만 관세음 보살의 이름을 부르기만 해도 모든 괴로움에서 벗어나게 된다는 것이다.

참선은 불교의 가장 대표적인 수행 방법의 하나다. 그래서 참선을 하고 있으면 스트레스 같은 건 얼씬도 못하고 물러나겠지만, 사실 구체적으로 여기서 설명하기는 매우 힘든 일이다. 앞에서의 좌선에서 참선으로 한 단계 깊게 들어가게 되는데, 너무나 심오하고 어렵기 때문에, 좌선의 단계에서 참을 수 밖에 없다. 그렇게만 해도 스트레스 해소 효과는 크다.

참선을 가장 쉽고 간명하게 설명하라고 한다면, 지나가 버린 과거의 추억이나 불확실한 미래에 대한 호기심과 두려움(이런 것을 부질없는 번뇌와 망상이라고 함)에서 벗어나, 지금 바로 이 순간의 자기 자신을 있는 그대로 보는 것이라고 말할 수 있다. 마음을 안정시켜 거칠고 불순한 감정을 없애는 데는 참선을 능가할 것이 없다. 번뇌 망상으로 흔들리는 마음을 한 곳으로 모으기

위해, 화두話頭를 드는 간화선看話禪과 화두와는 상관없이 자신의 마음을 맑히고 본성本性을 비추어 보는 묵조선默照禪이 있다. 화두란 예컨대 '이 뭐꼬' 한다고 했었다.

일상 생활에 있어서도, 참선 수행을 하는 마음으로 순간순간 최선을 다해 가면 마음이 안정 되어 평온한 가운데 불안 공포 같은 것은 사라지게 된다. 이것은 참선의 활용이다. 그래서 흔히 가고 머물고, 앉고, 눕고, 즉 일상적인 생활 그대로가 곧 선禪이라고 하고 있다.

③ 신행 생활에서 얻을 수 있는 이모저모

ㄱ. 자비의 공덕

종교에서는 자비慈悲를 설하고 있다. 자비의 자는 즐거움을 주는 것을 말하고, 비는 괴로움을 없애 주는 것을 말한다. 자비행行이 가져 오는 공덕은 무한하다고 가르치고 있다. 자비에 머물고 있는 자에게는 어떠한 것도 해롭게 할 수 없으며, 뜻밖에 닥쳐오는 재앙을 막을 수 있다고 한다. 자비는 마치 독毒 화살이 꿰뚫치 못하는 갑옷과 같다고 비유할 수 있다. 이런 견지에서 자비는 종교적 공덕을 얻는 수단으로 택해지고 있는데, 자비행을 닦는 사람은 언제나 편안히 잘 수 있고, 깨어 있어도 언제나 평온하며, 흉한 꿈을 꾸지 않으며, 남의 사랑을 받으며, 얼굴빛이 언제나 맑고 마음이 통일 정리되는 것이니 스트레스는 겁낼 것이 없다.

ㄴ. 인욕의 공덕

종교에서는 인욕忍辱이라는 가르침이 있다. 즉 남이 나를 훼방하거나 욕을 하더라도 이것을 참고 견디어 나간다는 뜻이다. 고난이 있어도 참고 견디는 것이다. 그러니까 그로 인해서 스트레스를 받지 말라는 뜻도 된다. 그 가르침대로 한다면 종교인은 좀처럼 스트레스 같은 건 참을 수 있을 것이다. 사소한 일이지만 엉킨 실을 풀 때 스트레스를 받지 않을 사람은 없을 것이다. 그렇지만 인욕행을 통해서 마음을 가라앉히고 갑갑한 것을 어지간히 참고 풀을 수 있는 것이다.

ㄷ. 정명도 이야기

어떤 경우에 처하더라도 스트레스를 해소할 만한 이야기 한 토막이 있다. 송나라 때 유명한 성리학자 정명도程明度·정이천程伊川 형제는 성인의 자리에는 미치지 못했었지만 현인賢人이라고 할 수 있는 분들이다. 이 형제가 어느 때 초대를 받아 연회석에 같이 앉은 일이 있는데, 석상에는 미기美妓들이 권주도 하고 가무도 하여 흥을 돋구었다. 아우 이천은 이런 장면이 몹시 비위에 틀려서, 몸 속까지 더럽혀지는 것 같아 술잔도 들지 않고 연회가 끝나기도 전에 돌아와 버렸다. 현인으로서의 고고한 자세가 나타난 것이다.

한편 형 명도는 마음껏 마시고 취하여 돌아왔다. 이튿날 아우 이천이

"형님은 어찌 그런 추잡한 자리에서 천한 것들이 주는 술을 그렇게도 잘 마셨습니까? 저는 자리에 끼는 것조차 견디기 어려웠는데요"

하고 물었더니 형 명도는

"아, 그랬었나?"

하고 아무렇지도 않았다는 대답이었다.

이천이

"그랬었나가 무엇입니까? 어제 밤 일인데 벌써 잊어버리셨나요?"

하니 명도가

"음, 그렇게 말하니 참 그런 일도 있었던 것 같군. 나도 술 마시고 그런 계집들을 본 것도 같은데, 동생은 아직까지도 그런 것들을 일일이 생각하고 있는가? 언제까지나 그런데 집착을 가져서야 어디 성현聖賢의 도道를

닦는 사람으로서 부끄러운 일이 아니겠는가?"
하자 이천은 깨달은 바 있어 형에게 크게 사과하였다 한다. 이천은 술자리에서 크게 스트레스에 빠졌지만, 수행 정진의 면에서 월등한 경지에 이른 명도에게는 스트레스 같은 거 생각지도 않았다는 이야기다. 즉 수행이 깊어 성현의 대혈에 들어선 명도에게는 미녀를 보았지만 안 보았고, 주는 술을 받아 마셨지만 마신 일이 없었다.

ㄹ. 인과의 도리와 스트레스

모든 학문과 모든 종교에서는 인과因果를 설하고 있다. 무릇 물건이나 어떤 일이 생겨나는 것은 반드시 그렇게 될 원인이 있어서 그러한 결과가 나타난다는 것이 인과의 법칙이다. 인과의 도리는 종교에서 가르치고 믿고 있지만 사실은 우주의 진리인 것이다.

그런데 세상에서 자기 마음대로 안되거나, 자기의 힘으로 이룰 수 없게 되면 불평 불만을 해서 스트레스를 받는 일이 많다. 사실은 현재의 결과는 자기가 심어 놓은 씨에 의한 것이 대부분이다. 사람들은 이 도리를 알지 못하고 자기에게 닥쳐온 불행의 원인을 타인의 탓으로 돌리고, 혹은 사회의 허물에 미루기도 하고, 세상을 저주하고 사람을 원망하기도 하여 어리석게도 스트레스를 받으며 살고 있다.

신앙 생활을 통하여 인과의 도리를 믿는 사람은 스트레스가 생길 때 결코 그 책임을 타인에게 밀지 않고 자신에게 돌려 묻게 된다. 그래서 쓸데없이 화를 내거나 다투게 되는 일이 없고 원만한 생활을 할 수 있다.

사사 건건 그 책임을 타에게 미루면 그 결과 사회는 문란해지고, 불평으로 인생을 어둠 속에서 지내며, 마음속에 칼을 갈며, 사회에 갖은 해독을 끼치고 있다. 이 세상 모든 사람이 각자 선인善因을 짓고 악인惡因을 짓지 않도록 근신한다면 온 세상이 평화롭고 행복할 것은 의심할 여지가 없다.

ㅁ. 신앙 요법

스트레스도 하나의 병이다. 약물이나 의료 기구를 사용하지 않고 오로지 신앙의 힘에 의한 치료 행위가 있는데, 이것을 신앙 요법이라 한다. 신의 능력에 의해 치유된다고 하여 신유라고도 하고, 심령 현상에 의한 치료라고 해서 심령 치료라고도 한다.

안수按手라고 하는 신앙 치료의 방법은 아프거나 병든 곳을 손으로 만져 주거나 문지른다. 성서에는 여러 곳에 신앙 치료와 관련된 기록이 보인다. 근대 과학이 발달한 후에도 안수 또는 안마 요법이라는 이름으로 손에 의한 치료법이 전해 내려오고 있으며, 대부분의 신흥 종교에 있어서도 이 방법을 사용하고 있다. 손을 통한 신앙 치료는 만지는 자의 손으로부터 환자의 몸에 무언가 눈에 보이지 않는 영력靈力과 같은 것이 옮겨 전해짐으로써 행해진다고 믿었다. 직접 닿지 않게 손으로 덮기만 한 때는 영파靈波라고도 부른다. 그리고 영파의 전달에 의해서 환자의 몸이 혼자서 움직이고 경련 발작 같은 현상이 드러나는 것을 영동靈動이라고 하며, 이것을 치유 효과가 나타나는 증거로 해석하기도 한다. 또 순수한 기도만으로 신의 힘에 의해 마음 또는 신체에 어떤 특별한 느낌을 받고 병이 낫는 것을 그리스도교에서는 신유라고 한다. 이러한 실체는 과학적으로 실증되지 않았지만, 이 치료 행위는 암시 요법 · 최면 요법이라는 이름으로 남겨지게 되었다. 현재도 비록 실증은 되지 않았지만, 신 또는 교조教祖를 통하여 혹은 자신의 수행이나 신앙의 힘에 의하여, 자기 체내로 우주의 대생명과 관련한 어떤 힘이 흘러 들어오거나 영수靈水 · 신수神水를 통해 주입된다고 믿는 신앙이 일부에서 성행

하고 있다.

불교에서는 병을 고치려고 절에 입산入山하여 요양을 하는 일이 많다. 절에서 스님들과 같이 생활하고 나면 병이 낫는 일이 많고, 최소한 낫는데 도움이라도 되고 있는 것이 사실이다. 가능하다면 수행 방법의 하나인 108배나 3,000배를 한다면 스트레스 같은 건 날아가 버린다. 108배만 하는 데도 15분, 3,000배를 하려면 7시간이라는 시간이 걸려서, 그렇게 할 수만 있다면 그 이상을 능가할 것이 없을 것이다.

부처님 전에 108배나 3,000배로 정진하고 있으면 부처와 내가 둘이 아니라는 자타 불이自他不二의 경지에 들게 된다. 부처의 마음이 되고 본바탕 마음이 드러나게 되니, 웬만한 병이라면 낫지 않을 수 없다. 스트레스는 마음의 병이다. 자타 불이로 마음이 고쳐지니 따라서 병은 없어진다.

송지호 수상집

스트레스와 그 방위 대책

인　쇄 / 2011년　7월　1일
발　행 / 2011년　7월 10일

지은이 / 송 지 호
발행인 / 서 정 환
발행처 / 신아출판사

출판등록 / 1984년 8월 17일 제28호
주　소 / 전주시 완산구 태평동 251-30
전　화 / (063) 275-4000, 252-5633
팩　스 / (063) 274-3131
E-mail / sina321@hanmail.net
　　　　shina321@chol.com
값 9,000원

ISBN 978-89-5925-876-5　03810